BEIJING MINGSHENG WENHUA

北京名胜文化

李洪波　赵　艺◎编著

中国人民大学出版社
·北京·

目　录

名胜是指具有观赏、文化或科学价值的山河、湖海、地貌、森林、动植物、化石、特殊地质、天文气象等自然景物和文物古迹，革命纪念地、历史遗址、园林、建筑、工程设施等人文景物及它们所处的环境和风土人情等。我们一般所说的名胜古迹，主要是指风景优美和有古代遗迹的著名地方。中国是世界上最古老的文明国家之一，名胜古迹众多。北京作为五朝古都，从古代封建社会后期直至今天，都是全国的政治文化中心，也是名胜古迹资源最为丰富的地区之一。

各国与各地的文化都有其独有的特征，体现在很多方面和层次上，比如体现在社会制度、文化心理等方面，这些方面是相对抽象的；也体现在建筑、服饰、饮食、民俗等方面，这些方面是比较明显、具象的。一个人到了一个地方，首先冲击其视觉的就是当地的建筑了。建筑是凝固的音乐，对于北京来说，丰厚的古代建筑遗存，是这座历史名城中时刻奏响的华美乐章，宫殿、寺庙、园林、街巷，无论你行走在哪个地方，都会感受到古代建筑律动丰富的音符。

如今的北京，俨然一副国际化大都市的模样，来来往往的是来自世界各地的人。可在北京人的心里，她时尚的外衣下永远有一股子精气神儿，不息不灭，那是北京的风骨。现在人们喜欢管北京叫“帝都”，除了首都之意，还有帝王之都的意味。虽说中国早就走过了封建专制时代，但北京这座老城，永远深藏着历史留下的印迹。那享誉世界的紫禁城在这里，那规模宏大的皇家园林在这里，要想感受一个古代帝国曾经的辉煌与迷梦，来北京最合适不过了。

北京作为古都和历史文化名城，存留着众多的宗教名胜景点与文物古迹。北京宗教文化遗存数量之多、种类之全、内容之丰富、保存之完美，是国内其他城市、地区难以比拟的。北京汇集了不同地域、不同类型宗教文化的精粹。北京地区的寺庙、宫观、教堂等不仅数量多、历史久远，而且形式各异。这些寺庙、宫观、教堂不仅是宗教的物化形式，而且具有传播和承载社会历史文化的功能，间接地反映着北京地区政治、经济、文化等方面的发展状况，为人们考察北京宗教文化的渊源、发展与兴衰，提供了客观的脉络与历史的轨迹。

北京是一座具有悠久历史和灿烂文化的世界名城，有三千余年的建城史，是辽、金、元、明、清五朝古都，有着无数珍贵的

正大光明

绪论　北京名胜概述

名胜是指具有观赏、文化或科学价值的山河、湖海、地貌、森林、动植物、化石、特殊地质、天文气象等自然景物和文物古迹，革命纪念地、历史遗址、园林、建筑、工程设施等人文景物及它们所处的环境和风土人情等。我们一般所说的名胜古迹，主要是指风景优美和有古代遗迹的著名地方。中国是世界上最古老的文明国家之一，名胜古迹众多。北京作为五朝古都，从古代封建社会后期直至今天，都是全国的政治文化中心，也是名胜古迹资源最为丰富的地区之一。1985年由《中国旅游报》发起并组织全国人民评选出的中国十处最佳风景名胜区为：万里长城、桂林山水、杭州西湖、北京故宫、苏州园林、安徽黄山、长江三峡、台湾日月潭、承德避暑山庄、西安秦陵兵马俑。这十个景区包括自然景观、历史建筑、人文景观和文物古迹等，其中北京故宫和万里长城（主要景点）都在北京。北京是中国入选世界文化遗产名录最多的地区，在世界上的大都市中也是首屈一指的。

在介绍北京名胜文化之前，我们先简单回顾一下北京城的发展历史，以及其在各个时代的建设状况。

一、北京城的悠久历史

北京建城的历史最早要追溯到距今三千多年前的西周初年，当时周王朝在今北京地区先后分封了蓟、燕两个诸侯国：蓟在北面，燕在南面。北京城的悠久历史由此发端，揭开了一幅辉煌灿烂的漫长画卷。历经古蓟城、燕上都、唐幽州、辽南京、金中都、元大都、明清北京、民国北平、新中国首都北京等重要发展阶段，一路逶迤走来，城市建设不断完善，历代遗存的名胜古迹不断累积丰富，形成了今天辉煌灿烂、丰富多彩的北京名胜文化。

1. 蓟城

西周初年，周王在今天北京地区先后分封了蓟国与燕国。其中蓟国的都城“蓟”，位置大概在今天的广安门一带，建立时间为周武王灭商之年（公元前1046年），成为北京建城之始。后分封召公于燕国，都城“燕”，是北京地区出现的第二座城市，遗址在今天的房山琉璃河。燕国实力更为强大，很快灭掉蓟国，将都城迁到“蓟”，到战国时期，这里成为燕国的“上都”，是勃、碣一带的重要都会。

秦统一天下后，到汉、魏晋南北朝以至隋、唐，蓟城的城址并没有太大的变化。北魏郦道元的地理学名著《水经注》中曾提到蓟城一名的由来：因为城西北有土丘名曰“蓟丘”，故得名为蓟城。

2. 唐幽州

隋代时的涿郡和唐代时的幽州，都以蓟城作为地方政府的治所，因此这一时期蓟城先后被称为涿郡和幽州。

唐代时，幽州是北部边境重镇，军事地位非常重要。当时的幽州城有内外两重城垣：大城和子城。根据文献记载及考古发现，我们大致可知唐幽州城的大城东起今法源寺以东烂缦胡同偏西一线，西至今会城门稍东一线，南起今陶然亭至白纸坊东西街一线，北至今宣武门头发胡同一线，向西延伸至白云观以北。子城则位于大城的西南部，西、南两面利用了大城的城垣。幽州大城之内、子城之外，实行当时唐代城市中通行的里坊制，市肆集中设立。城内的大型建筑除了大都督府等官方的衙署之外，还有众多的佛寺，其中包括今天法源寺的前身——悯忠寺，其规模极为宏大，据说寺中的观音阁高大雄壮，即所谓“悯忠高阁，去天一握”。此外，从隋代时在房山一带已经开始雕刻佛教石经，云居寺至今保留的雷音洞及数座唐代佛塔，是北京地区最为古老的建筑遗存，石刻佛经更是蔚为壮观。

3. 辽南京

公元936年，后晋皇帝石敬瑭将幽州割让给契丹，辽会同元年（938年），幽州升为辽五京之一——南京，又称为“燕京”。辽南京城基本上沿用了唐幽州城的旧城，分为大城、子城和子城内的宫城。大城二十余里（1里＝500米）见方，城墙高三丈（1丈≈1.33米），宽一丈五尺（1尺≈0.33米），有八座城门，东西南北各有一条主干街道，实行里坊制，共有二十六坊。子城仍然位于大城西南，内有宫殿区和园林区。宫城在子城的中部偏东，从南门丹凤门到宫城北门，然后继续延伸到子城北门，最后直通大城北墙的通天门，形成辽南京纵贯全城的中轴线，气势不凡。辽南京城的建筑宏大，除宫殿之外，有如星罗棋布的佛寺庙宇，比如悯忠寺、大开泰寺、大昊天寺等，都极为宏伟壮丽。当时修建的天宁寺塔一直存留至今，成为北京城区最古老的名胜建筑。

4. 金中都

金贞元元年（1153 年），海陵王完颜亮将都城从会宁迁到辽南京，改称中都。从辽南京到金中都，北京地区逐渐发展成为全国的政治中心，北京的城市发展进入了一个新的时期。元、明、清、民国直到新中国，除了短暂的时间之外，北京一直被作为中国的首都。

北京天宁寺塔

金迁都之后，对中都进行了整体的建设规划，一方面是对辽南京城进行改建、扩建，另一方面，也是更重要的一方面则是对北宋都城汴梁的全面模仿。当时完颜亮派丞相张浩等人负责京城的建设，“遣画工写京师宫室制度，至于阔狭修短，曲尽其数”。不仅如此，当时所用的很多宫殿建筑材料也是金人攻破汴梁的时候拆卸搬迁而来的。南宋人范成大出使金朝时，在他所撰的《揽辔录》中记载说：“其屏扆窗牖皆破汴都辇致于此。”今天北海的白塔山上，还能看到许多太湖石，就是从宋徽宗汴京御苑“艮岳”中搬运而来的。

金中都采用宫城、皇城、大城三重城垣相套的格局。为了模仿北宋汴京皇城居中的形制，金中都对辽南京城的布局有了比较大的突破，皇城不再偏居西南，而是基本处于大城中央。宫城也基本位于皇城中央，宫城的南北中轴线就成了全城的中轴线，体现了金朝对于北魏以来中国历代王朝都城传统结构的接受。

金中都宫城的规模与明清紫禁城相当，周长九里三十步，布局规整，秩序井然，宏大壮美。皇城南部为宫廷前区，从皇城南门宣阳门到宫城正门应天门之间，是东西并列的千步廊，中间是T字形广场，千步廊东通球场、太庙，西通尚书省、六部，整体设计法度谨严，层级明晰，功能完备，气势恢宏，为后来元、明北京城所继承。大城周长三十七里有余，近似正方形，共有城门十三座，北面四门，其他三面各有三门，基本符合《周礼·考工记》中王城“旁三门”的制度。城内布局上，融辽南京原有里坊和新设街巷于一体，呈现出从里坊制向街巷制过渡的特点。

除了宫殿、城市规划建设之外，金代还在都城内外建造了大量的离宫别苑，著名的有宫城内的鱼藻池，皇城中的东苑、西苑、南苑、北苑，以及西郊的钓鱼台，西山一带的八大水院，等等，形成了丰富的山水园林资源，有许多一直存留至今。所谓的“燕京八景”就是从金章宗时开始形成的，经过明清两代的发展，成为京城名胜的重要代表。

5. 元大都

元朝建立后，元世祖忽必烈任命刘秉忠为主要的规划设计者，在金中都的东北方向营建新都城，称为大都，蒙语为“汗八里”，是大汗之城的意思。从至元四年（1267年）开始营建，到至元二十二年（1285年）完工，历时十八年。

元大都是一座有着明确的规划设计思想、在新址重新营建的古代都城，刘秉忠一方面沿袭金中都的建设规划经验，另一方面又遵循了《周礼·考工记》中“匠人营国”的王城营建制度，根据前朝后市、左祖右社的制度进行安排，同时对大都新址的地理条件等进行充分利用，又巧妙融合太液池、积水潭水系的特点，完成了布局完整、功能完备、规模宏大的规划设计，奠定了此后一直到明清以来北京城发展规划的深厚根基，呈现出继往开来的伟大气魄。

元大都总占地面积约为50.9平方千米，总体格局也是外城、皇城、宫城三重相套的形式。外城城墙用夯土筑成，高16米，东、南、西三面各有三座城门，北面两座城门，这就是民间所说的三头六臂哪吒城。城门高大，城墙壮丽，虽然经过明清时期的都城扩建，元大都的北墙和东、西墙北段都被废弃，但今天西直门、东直门一线仍然残留着绵延十几千米的元代城墙遗迹，包括肃清门和健德门残留的瓮城土墙，已经被规划为元大都城墙遗址公园，见证着元大都的辉煌遗存。

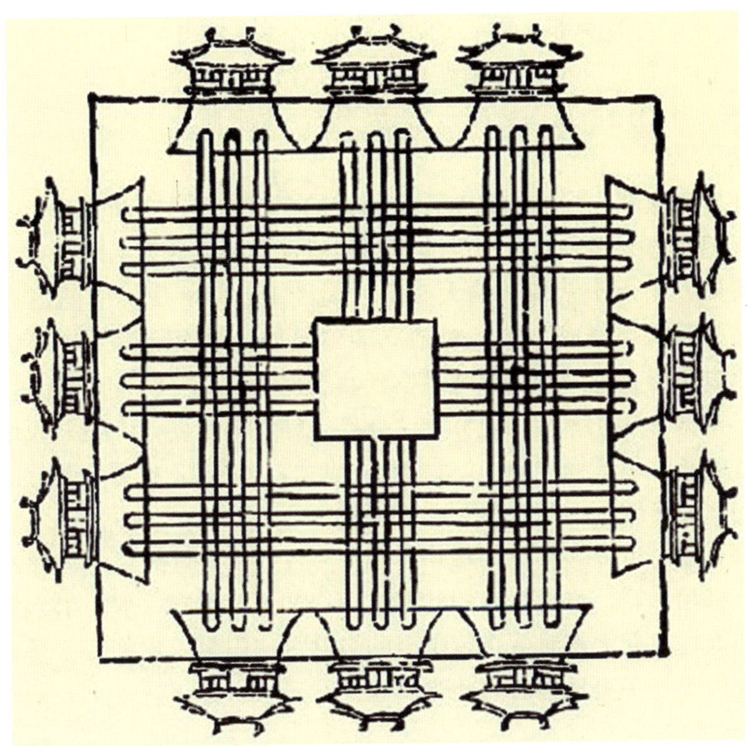

《周礼·考工记》“匠人营国”图

元大都城墙遗址

皇城位于元大都南部，周长约 10 千米。皇城之内，以太液池为中心，万岁山（今天的北海白塔山）为制高点，环列着宫城、隆福宫和兴圣宫。皇城南门棂星门和大都南门丽正门之间是宫廷广场，两侧是千步廊，千步廊外侧是各个大型官署。

宫城在皇城东部，太液池以东，南北长约 1 000 米，东西宽约 740 米。宫城正门是崇天门，与今天紫禁城午门的形制相似，宫城内分为南北两部分，南面以大明殿为主体，相当于紫禁城的太和殿，周围 120 间廊庑，中间建有钟楼与鼓楼，四角建有角楼，形成一组相对独立的建筑群。北面是后廷，以延春阁为主体，经常用以举行大型的佛道仪式及宫廷宴会。

元大都根据《周礼·考工记》中“九经九纬”的制度，全城共设南北干道和东西干道各九条，街道标准统一，大街 24 步宽，小街 12 步宽，此外还有大量的火巷和胡同，城市路网四通八达，非常便利。

元大都是当时世界上罕见的城市建筑，《马可波罗行纪》中对汗八里都城的雄伟与富庶极尽形容，将元皇宫的壮丽描写得如人间天堂一般，引起西方人对中国的倾慕与向往。元大都时代存留至今的名胜古迹很多，比如万宁桥、妙应寺白塔、孔庙大门等，仍可见当时的壮观辉煌。

6. 明北京城

明朝攻下元大都后，对元大都进行了改造修建，并拆毁了元代的大内宫殿，重新规划。但最终格局是永乐皇帝迁都北京后，从永乐四年（1406 年）到永乐十八年（1420 年），历经十四年的时间，逐步规划建设完成的。正统年间又修建了内城的九座城门，其中南面三门，其余三面各设两门，名称一直保留至今：南面的正阳门（前门）、崇文门、宣武门，北面的安定门、德胜门，东面的东直门、朝阳门，西面的西直门、阜成门，各城门都建有宏大壮丽的城门楼，正阳门城楼是其中规模最大也是目前硕果仅存的一座。嘉靖年间，为防御蒙古骑兵的侵扰，明朝开始加筑外城，将天坛、山川坛等郊坛及城外居民圈围其中，原计划环绕内城四面一律加筑外墙，后因财力不足，东、西墙修到内城南墙附近就转抱内城东、西角楼，外城的城门一共设有七座，这样外城与内城就形成了明代北京城独特的“凸”字形格局。

皇城位于内城中部略偏南，占地将近 7 平方千米，周长约 11 千米，城墙高约 6 米。明代皇城包括承天门（清改称天安门）前的 T 字形宫廷广场，皇城共设六个门。皇城内为皇家禁地，百姓不得出入，包括紫禁城、西苑、东苑（又称南内）等宫苑。紫禁城是整个皇城的核心，北侧是万岁山（清改称景山），西侧是规模宏大的皇家园林——西苑（包括北海、中海与南海），西北、东北有内府各监、司、衙门、作坊、仓库等宫廷服务机构，西南有金元以来一直矗立的庆寿寺双塔。

紫禁城位于皇城中部偏东南，分为外朝和内廷两部分。外朝以午门、太和殿、中和殿、保和殿为主体，以文华殿、武英殿为侧翼，是明代皇帝举行各种典礼和政治活动的地方。内廷主要有乾清宫、交泰殿、坤宁宫、御花园、养心殿、斋宫及东、西六宫等，是皇帝和后妃等居住及处理日常政务的地方。

明代的北京城已经形成了一直延续到今天的壮美绵长的中轴线，南起外城正门永定门，中间经过天桥、郊坛区，到达正阳门，是繁华热闹的商业区；从正阳门、大明门到午门，是宫廷前区；从午门经紫禁城三大殿、后三宫、御花园到万岁山御苑，是最重要的宫殿区；然后出皇城北门至钟鼓楼，全程长达8千米，纵贯外城、内城、皇城、宫城，将宫殿、苑囿、皇家坛庙等连为一体，成为京城的“龙脉”，是世界上最长的城市中轴线，是世界城市建设史上的一项杰作。

北京中轴线俯瞰图

7. 清代以来的北京城

清代的北京基本上沿用明代旧制，格局稍有改变。比如，皇城不含天安门前的广场，只设有天安门、东安门、西安门、地安门四个门；皇城内也不再全是皇家禁地，部分已经改为庙宇与民居。在此基础上，不断加以修缮、重建、完善，从而最终形成了我们今天看到的北京城的基本规制与面貌。但由于清朝统治者“内满外汉”的特殊政策，具体的街巷布局大异于此前。在内城建造了大量的王府，共分为和硕亲王、多罗郡王、多罗贝勒等12个等级。乾隆年间，仅亲王、郡王府就已达30座，比如著名的恭王府（当时为和坤宅第），今天已成为北京的名胜景点。外城宣南地区则建设了大量的会馆，比如湖南会馆、安徽会馆等，成为清代北京地区非常特殊的建筑类型。

皇家园林的营建，是清代对于北京城市建设的最大贡献之一。以“三山五园”（畅春园、圆明园、香山静宜园、玉泉山静明园和万寿山清漪园）为代表的西北郊离宫别苑，总体布局规划独具匠心，巧夺天工，使北京城在帝王都城的功能性质之外，又具有了丰富的山水园林的审美文化内涵，两者相得益彰，形成了更为丰富多彩的古都名胜文化。

此外，随着中西文化的交流，清末以来，北京城逐渐出现了一些融合西式风格的建筑，比如圆明园中的西洋建筑、颐和园清晏舫、中海海晏堂等，不但丰富了北京城市文化的内涵，而且体现出北京城兼容并蓄、海纳百川的气质。

经过三千多年的不断建设、发展，北京从蓟、燕古城，发展为一个规模宏大、气势磅礴的大都市，成为中国的政治、经济与文化中心。梁思成曾经说过：“北京建筑的整个体系是全世界保存得最完好，而且继续有传统活力，最特殊、最珍贵的艺术杰作。”人类的智慧，成就了这座城市的生命与内涵。作为一座世界闻名的古都，北京给我们留下了丰富的文化遗产，也奠定了未来城市发展的坚实基础。

二、北京的名胜文化资源

北京作为五朝古都，有着三千多年的建城史和八百多年的建都史，元、明、清以来长期居于国家政治、经济、文化生活的中心地位，孕育产生了极为丰富的名胜文化资源。

北京的名胜文化源远流长，从金朝开始，就有燕京八景之说，中间历经元、明、清以至民国，八景一直是北京名胜景点的代表。

北京地区八景之说，据明永乐十二年（1414年）翰林学士胡广的《北京八景图诗序》记载，最早出现于金朝明昌年间，“地志载明昌遗事有燕山八景，前代士大夫间尝赋咏，往往见于简册”。赋咏之诗词颇多见于元代以来的诗文集、笔记史志之中，比如元代刘秉忠的《秦楼月》：“琼花岛，卢沟残月西山晓；西山晓，龙蟠虎踞，水围山绕。昭王一去音尘杳，遥怜弓剑行人老；黄金台上，几番秋草。”描写了大都城中琼花岛、卢沟、西山和黄金台四处著名的景观。另外，元代陈孚有《咏神京八景》组诗八首，分别吟咏太液秋风、琼岛春阴、居庸叠翠、卢沟晓月、西山晴雪、蓟门飞雨、玉泉垂虹和金台夕照八景，其所作时间应在至元二十九年（1292年）以前，明代以来的《寰宇通志》《帝京景物略》和《日下旧闻考》等书都曾引到这一组诗。冯子振作于元大德六年（1302年）的《鹦鹉曲·燕南八景》：“卢沟清绝霜晨住，步落月问倚阑父；蓟门东直下金台，仰看棱台飞雨。道陵前夕照苍茫，叠翠望居庸去；玉泉边一派西山，太液畔秋风紧处。”将燕地八种景观嵌入散曲作品之中，构思非常巧妙，但并没有明确写出八景的名目，此曲在《全金元词》和《全元散曲》中都有收录。后来鲜于必仁作曲子《折桂令·燕山八景》八首，每首写一处景观，具体名目与陈孚所作的《咏神京八景》中的名目完全相同。

以上文献记载说明，到元代的时候，八景已经成为北京城的著名景观，文人墨客吟咏不绝。

但是，有关北京地区八景的名称，一直以来有燕山八景、燕京八景、燕台八景等不同说法，具体名目也有一个不断变化的过程。元朝官修的地理总志《大元大一统志》中，开始列出燕山八景之名，这本书修成于大德七年（1303年），但现在已无全本传世，因此我们并不知道其中所列八景具体为何。经后人考证，元朝时燕山八景为：琼岛春阴、太液秋风、居庸叠翠、玉泉垂虹、蓟门飞雨、西山积雪、卢沟晓月和道陵夕照。

明代官修的地理总志《寰宇通志》中单列“八景”一条。其文曰：“在都城内外，其目曰：琼岛春云、太液晴波、居庸叠翠、玉泉垂虹、蓟门烟树、西山霁雪、卢沟晓月、金台夕照。”此后所修的《大明一统志》虽不再单列，但散见于各章之中，名目与《寰宇通志》中相同。明代沈榜《宛署杂记》中有“燕台八景”一条，名目与《寰宇通志》和《大明一统志》相同。另外，明代的时候还有“十景”之说，据黄瑜《双槐岁抄》记载，天顺五年（1461年）端午节，明英宗以扇赐文武群臣，上面有御制七言古诗十首，即前八景加上“东郊时雨”和“南囿秋风”二景，后来明末清初孙承泽的《天府广记》收录有李东阳的《京都十景》，所描写十景与此相同。

孙承泽的《春明梦余录》中开始称为“燕京八景”，其文曰：“一曰居庸叠翠、一曰玉泉垂虹、一曰太液秋风、一曰琼岛春阴、一曰蓟门飞雨、一曰西山积雪、一曰卢沟晓月、一曰金台夕照。其说起于金章宗明昌史。”除了将道陵夕照改为金台夕照之外，其余都是元代时的旧有名称。

清乾隆时修《大清一统志》，有“燕京八景”一条，“金明昌遗事燕京八景曰：琼岛春阴、太液秋风、玉泉垂虹、西山积雪、蓟门飞雨、卢沟晓月、居庸叠翠、金台夕照。元人多有题咏，明永乐中学士胡广等绘图作诗，倡和称盛，改蓟门飞雨为蓟门烟树。皇上（乾隆）有《燕京八景诗》，改玉泉垂虹为玉泉趵突，西山积雪为西山晴雪，并各有御书八景碑亭。”也就是说，乾隆最后御定的八景为：琼岛春阴、太液秋风、西山晴雪、蓟门烟树、玉泉趵突、卢沟晓月、居庸叠翠和金台夕照。此后提到燕京八景，多以乾隆钦定的景名为准。

蓟门烟树碑

时至今日，北京的名胜文化传统历久弥新，新的文化景观不断呈现，并将原有文化景观继承发展，形成了北京城极为丰富的名胜文化资源。

1. 古都名城

北京城是中国历史上 5 个封建王朝辽、金、元、明、清的都城，经过各朝代的持续建设与不断扩建、增建，都城风貌蔚为大观，设计规划体现了中国古代城市规划的最高成就，被称为“地球表面上人类最伟大的个体工程”，入选国家首批中国历史文化名城。古老的北京城本身就是独一无二的名胜文化精品，具有丰富、深厚的历史文化内涵。

2004 年以来，北京市政府通过新修订的《北京城市总体规划》，提出了“两轴、两带、多中心”的北京未来空间发展的战略构想，在建筑形制、人文景观、产业业态等多方面再现历史文化名城整体风貌，呈现出城市建设与名城保护协调发展的新格局。现在，除了以紫禁城为核心的皇城文化区和遍布全城的名胜古迹之外，什刹海地区、南锣鼓巷、烟袋斜街等一批老北京胡同及其周边的四合院街区，是中外游客了解老北京文化、感受老北京风情最受欢迎的区域之一，已经成为北京新的文化增长点，是名副其实的首都文化财富。

2. 遗存文物胜迹

北京地区现有世界文化遗产 7 处，全国重点文物保护单位上百处，具有全国最为丰富、最为集中的名胜古迹资源。

其中，世界文化遗产有：

（1）故宫。

故宫，明清称紫禁城，建成于明永乐十八年（1420 年），占地 72 万平方米，建筑面积 16 万平方米，有宫殿建筑 9 000 多间，明清两朝共有 24 位皇帝在此居住和行使国家最高统治权，是中国乃至世界现存最大、最完整的古代宫殿建筑群。

紫禁城

（2）周口店北京猿人遗址。

周口店北京猿人遗址是世界上迄今为止人类化石材料最丰富、伴生动植物化石门类最齐全、研究最深入的古人类遗址。1929 年，中国古生物学家裴文中在此发现原始人类牙齿、骨骼和一块完整的头盖骨，并找到了“北京人”生活、狩猎及使用火的遗迹，证实 50 万年以前北京地区已有人类活动。这一发现和研究，奠定了周口店北京猿人遗址在全世界古人类学研究中特殊的、不可替代的地位。

（3）长城。

长城始建于春秋战国时期，秦始皇统一中国后，将此前各诸侯国兴建的长城连接起来，使其成为规模宏大的防御性工程。现在保存最完整的是明代长城，北京则是现存明长城最为丰富的地区，主要有八达岭、居庸关、慕田峪、司马台等处。

长城

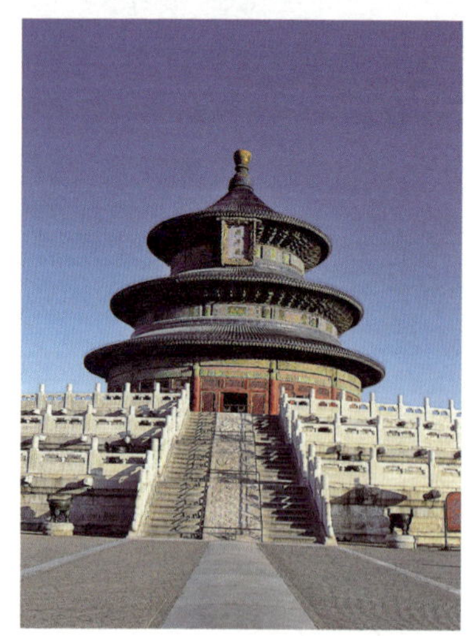

天坛

（4）天坛。

天坛始建于永乐十八年（1420 年），是明清帝王祭天的场所。天坛内祈年殿等主要建筑宏伟壮观，在中国建筑史上占有重要地位，也成为北京城的象征。

（5）颐和园。

颐和园是由万寿山和昆明湖等组成的清代京西名园，是世界上造景丰富、建筑集中、保存最为完整的皇家园林。园内的殿堂楼阁、游廊水榭等建筑精巧华丽，布局严整。

（6）明十三陵。

明十三陵位于北京市昌平区北部的天寿山麓，是明朝永乐皇帝迁都北京后 13 位皇帝陵墓的总称。明十三陵是中国历代帝王陵寝建筑中保存最为完整的古葬墓群，其建筑雄伟、历史悠久，具有极高的历史和文物价值。

明十三陵

（7）大运河。

中国大运河是世界上最长的运河，也是世界上开凿最早、规模最大的运河，由隋唐大运河、京杭大运河和浙东运河三大部分十段河道组成，连通海河、黄河、淮河、长江、钱塘江五大水系，是中国历代漕运要道，也是古代南北交通的大动脉。作为大运河的北端城市和漕运终点，中国大运河北京段共有两处河道、两处遗产点入选申遗名单，分别是：通惠河北京旧城段（包括什刹海和玉河故

通惠河玉河遗址

道）、通惠河通州段和西城区澄清上闸（万宁桥）、东城区澄清中闸（东不压桥）。

此外，为传承中华民族的文化传统，保护历代形成的宝贵文化遗产，国家文物部门针对不同文化遗产的特点，制定了分级保护的制度。从 1961 年以来，先后公布了七批全国文物保护单位名单，其中北京拥有 126 处，著名的有雍和宫、国子监、北海、天安门、卢沟桥、圆明园、房山云居寺、中南海、戒台寺、碧云寺、潭柘寺等宫殿、园林、寺观，是全国文物保护单位分布最为密集的地区。

七大世界文化遗产与数量众多的重点文物保护单位，是北京悠久的历史传统和丰富的文化内涵的具体体现。

3. 旅游名胜景区

截止到 2016 年 8 月，北京共有国家旅游局评 A 的旅游景区（点）241 个，其中 5A 级 7 个（包括故宫博物院、天坛公园、颐和园、八达岭—慕田峪长城旅游区、明十三陵景区、恭王府景区、奥林匹克公园）、4A 级 74 个、3A 级 106 个、2A 级 47 个、1A 级 6 个，并有国务院批准公布的国家级风景名胜区 2 个：八达岭—十三陵风景名胜区、石花洞风景名胜区。

在如此丰富的旅游名胜资源中，名胜古迹有：故宫博物院、天坛公园、颐和园、（八达岭—慕田峪）长城旅游区、明十三陵景区、恭王府景区、北海景山公园、元大都城墙遗址公园等；人文景观有：奥林匹克公园、鸟巢、水立方、北京世界公园、中华民族园、中国科技馆、北京海洋馆、北京动物园等；自然景观有：香山公园、石花洞风景名胜区、十渡风景区、南宫旅游景区、北宫森林公园、北京植物园等。

除此以外，北京街市文化历史悠久、内涵丰富，已成为北京旅游中极有特色的内容。前门、大栅栏、牛街、什刹海、东四、西四、东单、西单、王府井……这些地标代表着街市风情的北京，瑞蚨祥、内联升、同仁堂等都是坐落其间年代久远的老字号，形成了北京街市文化中独有的、特别的传统经济活动气息。牛街特有的回族风情、什刹海人水宜居的气氛，更是街市文化存在吸引力的地方。北京市在旧城文化的基础上，进行文化创新，形成了城市文化的新景点，如南锣鼓巷、烟袋斜街、后海酒吧等。其中最成功的就是南锣鼓巷，其是北京最古老的街区之一，是我国唯一完整保存着元代胡同院落肌理的，规模最大、品级最高、资源最丰富的棋盘式传统民居区。

4. 故居与会馆

北京还有极为丰富的名人故居与会馆文化资源。北京长期以来作为中国的都城，因此留有大量的名人故居，主要分布在东城、西城。其中被列入国家重点文物保护单位的有 2 处：宋庆龄故居、郭沫若故居。被列为北京市文物保护单位的有 11 处：鲁迅故居、毛泽东故居、李大钊故居、孙中山先生逝世纪念地、朱彝尊故居（顺德会馆）、康有为故居、梅兰芳故居、程砚秋故居、齐白石故居、老舍故居、茅盾故居。没有被列入文物保护单位的名人故居数量也很多，如杨继盛故居、顾炎武故居、孔尚任故居、李渔故居、龚自珍故居、纪晓岚故居、林则徐故居、谭嗣同故居等。

北京的会馆兴起于明代，清代达到鼎盛，最多时北京城里有数百处会馆。现在保留下来的每座会馆都承载着北京历史发展的丰富内容，比较著名的有贵州会馆、番禺会馆、湖广会馆、阳平会馆、绍兴会馆、安徽会馆、湖南会馆、中山会馆等。明、清及近代以来的一些名人与会馆有着难解之缘，许多重大的历史事件都在这些会馆中留下了印记。如参与戊戌变法的康有为当时住在米市胡同的南海会馆、谭嗣同住在北半截胡同的浏阳会馆、梁启超住在粉房琉璃街的新会会馆，他们在会馆内起草策划变法方案，抒谈维新之志；1912 年孙中山北上来到北京，曾五次到虎坊桥湖广会馆活动，并于此主持召开国民党成立大会；1918 年毛泽东第一次到北京，曾住在湖南会馆，这些都是北京历史名胜文化中极有意义、不可忽视的一部分。

5. 其他名胜文化资源

北京还拥有与名胜文化联系紧密的其他文化资源。

（1）博物馆资源。

博物馆是国家、民族、城市保存历史记忆、传承文明文化的重要载体。北京有着全国数量最多、种类最为丰富的博物馆资源。截止到 2012 年，北京地区注册登记的各级各类博物馆已达 165 家。北京地区的博物馆总体来说规模大、数量多，地域特色鲜明，藏品丰富、质量高。博物馆已成为北京城市文化的重要标志和形象代表，其中著名的有：故宫博物院、中国国家博物馆、中国美术馆等。

故宫博物院是我国最大的综合性博物馆，是在明清两代皇宫及其收藏的基础上建立起来的，以明清宫廷历史、宫殿建筑和古代艺术品为主要内容的国家一级博物馆。故宫博物院收藏文物总数达到 1 862 690 件，涵盖几乎整个古代中国文明发展史和几乎所有文物门类，其中收藏绘画、壁画、版画、书法、尺牍、碑帖约 14 万件，占世界公立博物馆所藏中国古代书画总量的四分之一左右。

中国国家博物馆是集收藏、展览、研究、考古、公共教育、文化交流于一体的综合性博物馆，隶属于中华人民共和国文化部。中国国家博物馆总建筑面积近 20 万平方米，藏品数量 120 余万件，展厅数量 48 个，是世界上单体建筑面积最大的博物馆，也是中华文物收藏量最丰富的博物馆之一，整体规模在世界博物馆中位居前列。

中国美术馆是以收藏、研究、展示中国近现代至当代艺术家作品为重点的国家造型艺术博物馆，是新中国成立以后的国家文化标志性建筑。中国美术馆现收藏各类美术作品10万余件，以19世纪末至今中国艺术名家的代表作品和各时期的代表作品为主，构成中国近现代以来的美术发展序列，兼有部分古代书画和外国艺术作品，同时也包括丰富的民间美术作品。

博物馆的数量与收藏质量体现了北京作为历史文化名城的文化优势，是建设人文北京、世界城市的重要公共文化资源基础。

（2）非物质文化遗产资源。

根据联合国教科文组织《保护非物质文化遗产公约》的定义：非物质文化遗产（Intangible Cultural Heritage）指被各群体、团体、有时为个人所视为其文化遗产的各种实践、表演、表现形式、知识体系和技能及与其有关的工具、实物、工艺品和文化场所。非物质文化遗产的数量与规模是一个国家、地区历史文化深厚底蕴的具体体现。

北京地区拥有极为丰富的非物质文化遗产资源，截至2013年12月，中国入选联合国教科文组织非物质文化遗产名录项目总数已达37项，其中京剧、中医针灸等都在首都北京有着悠久的传承历史。北京列入国家级非物质文化遗产名录的，第一批有9种，分别是智化寺京音乐、京西太平鼓、昆曲、京剧、天桥中幡、抖空竹、象牙雕刻、景泰蓝制作技艺、聚元号弓箭制作技艺；第二批37种，有童谣、鼓舞、相声、京韵大鼓、单弦牌子曲、面人、玉雕等；第三批12种，有天坛传说、口技、仿膳制作工艺、秧歌、风筝制作工艺等。其中，景泰蓝制作技艺、内联升千层底布鞋制作技艺、荣宝斋木版水印技艺及装裱修复技艺等还入选了第一批国家级非物质文化遗产生产性保护示范基地。

为保护非物质文化遗产，北京市也推出了市级非物质文化遗产名录。首批市级非物质文化遗产包括9大类共50项，其中：音乐5项、舞蹈10项、戏剧5项、曲艺6项、杂技与竞技5项、美术3项、手工技艺8项、传统医药1项、民俗7项；著名的有：天坛神乐署中和韶乐、荣宝斋木版水印技艺、全聚德挂炉烤鸭技艺、同仁堂中医药文化、京韵大鼓等。第二批包括10大类共105项，其中：民间文学12项，民间音乐3项，民间舞蹈8项，传统戏剧5项，曲艺3项，游艺、传统体育与竞技8项，民间美术10项，传统手工技艺43项，传统医药6项，民俗7项；著名的有：北京皮影、北京评书、北京东岳庙庙会等。

非物质文化遗产是以人为本的活态文化遗产，它强调的是以人为核心的技艺、经验、精神，体现的是传统文化的现实继承与发展。丰富的非物质文化遗产资源已成为首都北京具有代表性的文化资源，也是名胜文化中颇具特色的内容。

参考文献

1. ［明］刘侗，于奕正．帝京景物略．北京：北京古籍出版社，1983.

2. ［清］于敏中，等．钦定日下旧闻考．北京：北京古籍出版社，2001.

3. 王南，胡介中，李路珂，袁琳．北京古建筑地图．北京：清华大学出版社，2012.

4. 王军．城记．北京：三联书店，2003.

5. 高巍，孙建华，等．燕京八景．北京：学苑出版社，2008.

6. 陈高华．元大都．北京：北京出版社，1982.

7. 于杰，于光度．金中都．北京：北京出版社，1989.

8. 北京大学历史系《北京史》编写组．北京史．北京：北京出版社，1999.

9. 侯仁之．北京城市历史地理．北京：北京燕山出版社，2000.

10. 侯仁之，邓辉．北京城的起源与变迁．北京：北京燕山出版社，1998.

11. 李洪波．首都特色文化资源分析报告//北京第二外国语学院国家文化发展国际战略研究院国际服务贸易暨国际文化贸易研究中心．首都文化贸易发展报告（2014）．北京：中国商务出版社，2014.

12. 齐如山．北平杂记．北京：当代中国出版社，2015.

13. 刘洪宽．天衢丹阙：老北京风物图卷．北京：清华大学出版社，2012.

14. 单士元．故宫营造．北京：中华书局，2015.

第一章　北京名胜与建筑文化

各国与各地的文化都有其独有的特征，体现在很多方面和层次上，比如体现在社会制度、文化心理等方面，这些方面是相对抽象的；也体现在建筑、服饰、饮食、民俗等方面，这些方面是比较明显、具象的。一个人到了一个地方，首先冲击其视觉的就是当地的建筑了。建筑是凝固的音乐，对于北京来说，丰厚的古代建筑遗存，是这座历史名城中时刻奏响的华美乐章，宫殿、寺庙、园林、街巷，无论你行走在哪个地方，都会感受到古代建筑律动丰富的音符。

辉煌庄严的天安门、壮丽高贵的紫禁城、崇高肃穆的祈年殿、华丽丰美的佛香阁，还有隐藏在小胡同中静谧的四合院、延绵于群山岭际龙腾虎跃的长城，都是令人惊叹的地方。这些建筑都极具实体感和空间感，以及组群格局的方整严谨、建筑单体的凝重简练，总的风格可以用“雍容大度”四个字来概括。它们深沉而稳重，内向而不失博大，肃穆而不失宽厚，显得是那么大气，似乎通过一种极为抽象的方式，准确地表达了北京这个古都深蕴的一种内在的文化精神、一种厚重的历史感。

梁思成是近代以来最有成就的建筑史学家之一，他曾经在一篇文章中提出：“建筑是各民族文化的一种重要的代表。”从考古角度考虑各个时代的建筑问题时，实物得到保存就意味着各时代所产生过的文化证据得到保存。北京作为五朝古都，历史源远流长，虽然现代化进程日新月异，但是仍然保留着最为完整的古代建筑格局。2011 年，经全国古建筑、文化、文物、旅游等多学科专家的提名评定，中国传统建筑文化旅游目的地认定工作委员会正式发布了全国首批“中国传统建筑文化旅游目的地”名单，共十五家古代、近现代传统建筑、建筑群、小镇及村落入选，北京的故宫博物院、长城、天坛、颐和园名列其中。北京名胜古迹中的重要古建筑形式与风格，确实从各个层面展现出古代建筑中丰富的文化内蕴，体现着中国文化的特点与性格。

一、古代建筑的物质性与精神性

建筑是一个具有双重意义的复杂事物。第一个意义是它的物质性，建筑具有物质的使用价值，这一点很好理解，它是一种物质的存在。任何一种建筑，无论是高级的还是普通的，最基本的特性就是物质性、功能性。先民很早就有这样的认识，古文献中记载说：“上古穴居而野处，后世圣人易之以宫室，上栋下宇，以待风雨，盖取诸大壮。”（《周易·系辞下》）直至今日，我们评价一个建筑物，功能性还是第一位的。

第二个意义是精神性，在实用功能之外，建筑还体现着人类的审美价值和文化精神。很多建筑之所以被我们接受与记忆，精神性的层面可能起着更为主要的作用。西汉初年萧何为汉高祖刘邦营建未央宫，就曾明明白白地说：“天子以四海为家，非令壮丽，无以重威。”说明在当时人们的眼里，宫殿建筑不只是为了帝王居住，更有着深厚的礼仪性、精神性的文化内涵。再比如长城，现在已经不再具有实际的使用价值，但一直被视作中华民族文化的象征，就是因为它蕴含了丰富的精神意义和历史内涵，体现了中华民族的伟大智慧，展现了劳动人民的辛勤劳动及对和平的向往追求，等等。这种精神内涵并不会因为其功能性的消失而消失；相反，有时会在历史的发展之中不断得到深化和凸显。天安门、天坛等都已成为今日北京的象征，其文化意蕴早已不再是原先的实际功能所能涵盖的。

天安门

根据建筑学家的观点，从一般的意义上来说，建筑的精神性意义分为三个层级：最初级的层级与物质功能性紧密相关，即通过选址、规划和建筑内空间的合理安排，使人获得更多的安全感和舒适感；中间层级是在功能性的基础上，对建筑进行一种形式上的美的处理，形成美好形象，做到美观悦目；更高级的层级是通过建筑来表达一种情感、一种思想，甚至可以陶冶人的性情、震撼人的心灵，成为一种富有表情和感染力的“赏心”的艺术品。中国传统思想中有所谓“器”与“道”的说法，建筑是物质的“器”，也是精神的“道”，而后者则是中国古代建筑追求的最高境界。

因此，我们要欣赏、感受北京的传统古建筑，不但要了解形式、技术方面的内容，更重要的是理解传统建筑中的文化内涵。

二、中国古代建筑的特点

建筑是一个既有艺术形象，又具有不同物质功能的构筑物。因此，建筑的形象是艺术想象的产物，但其又跟画作不一样，不能任凭建筑师随意创造，必须接受实用功能要求和结构、材料、施工等具体技术条件及周边自然环境和社会环境的制约。因此，建筑的形象是物质和精神多方面因素的综合产物。就中国古代建筑来说，无论是宫殿、寺庙、陵墓还是园林、住宅，其多姿多彩的个体和群体形象，都有不同于其他文化类型的建筑特点，都是基于特定时期政治、经济、文化、技术诸方面不同条件的结果。

（一）中国古代建筑的材质特点

我们去故宫、颐和园、天坛、太庙等古代建筑资源丰富的名胜景点，看到的主要建筑物都是木质建筑，这跟我们去巴黎看凡尔赛宫、去伦敦看白金汉宫、去米兰看大教堂、去纽约看国会大厦这些以石质建筑为主的建筑物，是完全不同的。中国古代建筑独具风姿、自成一格，最明显的不同就是建筑材质，是世界上唯一以木结构为主的建筑体系，与其他大多数国家以砖石结构为主的建筑体系不同。木结构的复杂与精微，木材质的便利与易得，均为砖石结构所不及，体现了中华民族的聪明才智与伟大创造。

木结构之所以成为中国古代建筑的主要建筑形式，有着多方面的原因。首先，从构造上来说，木架构建筑体系的优点之一是突出的防震功能。从建筑原理来看，木架构建筑以木料为房屋的构架，先从地面立起木柱，在柱子上架设横向的梁桁，再在梁桁上铺设屋顶，所有房屋顶部的重量都由梁桁传到柱子，再经柱子传到地面，柱子之间的墙壁并不承重，主要起到隔断与遮蔽的作用。当遇到地震等外力突然猛烈撞击时，由于木质建筑各构件之间都经由榫卯连接，富有韧性，受力后有足够的缓冲，所以不至于猝然发生断裂。中国处于地震多发地带，但许多古代建筑历经地震而安然无恙，与木质结构的这种特性密切相关。比如位于山西省应县城西北佛宫寺内的木塔，始建于辽清宁二年（1056年），金明昌六年（1195年）增修完毕，是中国现存最古老、最高的一座木结构塔式建筑，距今已有近千年的历史，期间经过多次地震，但至今依然屹立不倒。

其次，木架构建筑的第二个优点是建筑材料比较易得。中国古代文化繁荣发展的黄河流域、长江流域，都有着面积广大的森林，有着适宜建筑的丰富树种，从采伐到施工都比较便利，因此，同样规模的建筑，木结构建筑的用时较少。意大利佛罗伦萨的主教堂，1420年动工，到1431年才完成穹顶建造，1470年才最后完工；法国凯旋门的建造也用了30年的时间。而明代朱棣迁都北京，开始建设紫禁城的时间，与佛罗伦萨主教堂基本相同，但是这样一组规模庞大的宫廷建筑，占地72万平方米，房屋9 000多间，从1406年开工，到1420年就全部完成了。除了集全国之力进行建设的原因之外，建筑材料的便利、易得也是极为重要的因素，当时许多体量巨大的木材都是通过长江、运河等水道转运至北京，如果是以采石为主的话，其工程量是难以估算的。

再次，木架构建筑在古代的盛行，也跟中国传统文化密切相关。梁思成在《中国建筑史》中认为，中国建筑多为木质结构体现了中国传统思想中“不求原物长存”之观念。基于这样的一种观念，古人安于新陈代谢之规律，强调生生不息、自然消长，因此并不像古埃及人和欧洲人那样追求永恒，有视建筑物为不朽之纪念物的思想，也就不会有大量建造永久传世的石质建筑的必要。

最后，木架构盛行恐怕也跟儒家“使民以时”等思想有关。在农业立国的古代社会，作为统治思想主流的儒家思想，强调“使民以时”，其一是要按照时节有规律、有限度地使用民力；其二是大规模工程建造不能在农时进行，而应在农闲时节开展。木质建筑的便利、高效不会妨碍农业生产，而体量大、工期长的石质建筑的建设则需要特别谨慎选择。

（二）中国古代建筑的独特形制特点

建筑材料不同，结构方式不同，文化传统不同，建造出的建筑形态自然不同。这跟不同国家、民族在自然环境、人文环境上的差异，包括地理、气候、生活习惯、审美观念等都有关系。北京故宫的太和殿、中和殿、乾清宫，天坛的祈年殿，颐和园的佛香阁，这些古代建筑功能不同、形态各异，但我们却能够很容易地找到它们的共同特征，比如庞大的屋顶、飞动的屋檐、高高的台基，再比如雕梁画栋、红墙碧瓦，这些非常独特的外在形制赋予了中国古代建筑区别于其他文化圈建筑体系的重要表征，鲜明地体现出实用性与审美性的统一。

大屋顶是中国古代建筑最为明显的外在特征，正如梁思成所说，是“建筑中最堂皇、最惹人注目之一部”。这是因为木结构方式的建筑体系，用木料构成的屋顶部分在房屋的总体型中相对显得较大，房屋面积越大，屋顶也越高大；同时大屋顶往往还是曲面居多，屋檐也是曲线，这是中国建筑特有的。这种形制的形成原因，有多方面的因素，如材料、结构方式、建造技术、审美趣味等。结构上的原因是，古代建筑为了避免雨水侵蚀，屋顶的四周屋檐伸出较远，形成屋檐两头起翘的曲线，以便采光和排水。同时，硕大的屋顶，经过曲线、曲面的处理，显得不那么沉重、笨拙，变得轻巧，成为极富神韵和表现力的一个部分。《诗经》中有“如鸟斯革，如翚斯飞”的句子，描写了古代宫殿建筑的外在形态，非常形象而优美地传达出屋檐的灵动飞跃。中国古代建筑的屋顶千变万化、瑰丽多姿。作为古代建筑造型中最主要的部分，屋顶一般呈曲线，由不同形式的梁架结构组成；重要的建筑都以斗拱挑出檐口，在屋檐转角处形成翼角起翘。大屋顶不仅为中国古建筑在美感上增加了不少神韵，而且对建筑物的风格形成也起着十分重要的作用。

大屋顶

中国古代建筑还特别注重台基的作用。台基也是实用性与审美性相结合的一个典范，既有坚实地基、防止潮湿的实用功能，也能够增添建筑物特别是宫殿、庙堂的崇高感。从目前考古发现的先秦宫殿遗址中，我们就能看到古人对台基的重视由来已久，比如河南安阳殷都宫殿宗庙遗址，以及河北易县燕下都遗址，都有土筑的方台作为台基。北京故宫中的三大殿，其实体建筑的高度有限，但在故宫建筑群中却显得卓然不群，这种崇高、伟大的效果更多的是通过台基的使用来呈现的。如太和殿有三层汉白玉台基，将主体建筑向上抬高，高出于周边宫殿，因而观者面对太和殿时视线向上，自然会产生一种崇敬之感。

太和殿

斗拱也是中国传统建筑特有的一种构件，在美学和结构上拥有独特的风格。梁思成在《蓟县独乐寺观音阁山门考》中说："斗拱者，中国建筑所特有之结构制度也。其功用在梁枋等与柱间之过渡及联络，盖以结构部分而富有装饰性者。"具体来说，在立柱和横梁交接处，从柱顶上加的一层层探出成弓形的承重结构叫拱，拱与拱之间垫的方形木块叫斗，合称斗拱。斗拱的产生和发展有着非常悠久的历史，《论语》中"臧文仲居蔡，山节藻棁"的记载已经提到斗拱。从两千多年前战国时代采桑猎壶上的建筑花纹图案，以及汉代保存下来的墓阙、壁画上，都可以看到早期斗拱的形象。中国古典建筑最富有装饰性的特征往往被皇帝攫为

斗拱

已有，斗拱在唐代发展成熟后便规定民间不得使用。明代以后，斗拱的承重作用逐渐向装饰性作用转变。清代时基本上只作为装饰件，且只有宫殿、庙宇还在使用，以显示皇家与神佛的威严与尊贵。梁思成对斗拱发展的描述为：“唐宋建筑之斗拱以结构为主要功用，雄大坚实，庄严不苟。明清以后，斗拱渐失其原来功用，日趋弱小纤巧，每每数十攒排列檐下，几成纯粹装饰品，其退化程度，已陷井底，不复能下矣。”北京古代建筑中，斗拱的使用极为常见，宫殿、园林、寺庙、牌坊都有风格各异、功能丰富的斗拱点缀，其中当然不乏整齐、烦琐、纯装饰性的斗拱形式，体现出明清时期建筑风格与美学的变化。无论从艺术或技术的角度来看，斗拱都足以象征和代表中国古典建筑的精神和气质。

（三）中国古代建筑受宗法伦理观念的影响至为深远

传统的宗法伦理观念强调区别等级社会中各阶层的地位，以建立起稳定的政治秩序，维系民心的统一、协同，使整个社会和谐、安定。这一观念在历代的发展中，逐渐渗透入建筑体系之中。

比如社会生活中最重要的城市与宫殿，到西周时已经形成了比较完整的规划建筑观念，就是通过建筑的规模、数量来体现权力、等级等宗法伦理观念，建筑成为传统礼制的重要标志和象征。

《周礼·考工记》中对于都城的营造，有清楚的记载，“匠人营国，方九里，旁三门。国中九经九纬，经途九轨，左祖右社，面朝后市，市朝一夫。……王宫门阿之制五雉，宫隅之制七雉，城隅之制九雉，经途九轨，环途七轨，野途五轨。门阿之制，以为都城之制。宫隅之制，以为诸侯之城制。环途以为诸侯经途，野途以为都经途。”可以看出，古人特别注重规整、对称，突出等级格局，这在先秦的很多典籍中都有体现，比如《左传·郑伯克段于鄢》中就曾提到：

“先王之制：大都，不过参国之一。中，五之一；小，九之一。”王朝的都城与诸侯的城池乃至普通的城邑通过规模大小、数量多少体现出等级与差别。此后的历代王朝，不断将这一礼制秩序推至极致。

北京作为帝王之都，历代的政治中心，其存留的传统建筑形式当然也体现出鲜明的等级与秩序，体现出对皇权至上的推崇。

就故宫来说，紫禁城外朝三大殿的开间、进深、台基、屋顶、斗拱甚至蹲兽等装饰细节，都体现出森然有序的等级差异。太和殿是紫禁城中最重要的宫殿，明清两朝皇帝即位、大朝会等最隆重的典礼都在此举行，所以从建筑上来说级别最高，殿面阔九间，外加侧廊共十一间，进深五间，取“九五至尊”之意，屋顶用重檐庑殿顶——古代建筑中屋顶的最高级别。中和殿是皇帝大朝的准备用房，平面为正方形，各面五间，只用单檐四角攒尖顶。保和殿是宴请番臣和举行殿试的地方，面阔九间，进深五间，但使用重檐歇山顶。三大殿这种错落有致的设计使紫禁城的主要殿宇设置富于变化，既庄严又带有韵律感，同时可见三大殿的重要程度各有不同，等级差异明显。等级的差异可以通过更多不同的细节得以体现，比如太和殿四条垂脊上的蹲兽数量最多，也是其级别最高的一个体现。太和殿蹲兽最前端的是仙人骑鸡，后面依次是：龙、凤、狮子、天马、海马、狻猊、押鱼、獬豸、斗牛、行什。通常不算仙人骑鸡在内，蹲兽的数量为奇数，九为最高。但是太和殿在斗牛之后增加了一个行什，表示其规格、等级都是最高的。

太和殿垂脊蹲兽

除宫殿之外，其他建筑也往往通过不同形制（包括宽度、深度、屋顶形式、装饰的不同式样等）体现层级不同、地位差异。比如古代建筑中屋顶有五种基本形式，即庑殿顶、歇山顶、攒尖顶、悬山顶、硬山顶。古代社会对于屋顶的形制及装饰有许多等级化的规定。屋顶的形式、高度，脊饰的形象、尺寸、数目、颜色，均须根据建筑的等级而定，不得超越，并根据其本身的造型特点，分别用于不同的场合。庑殿顶格调恢宏，用于高级建筑中轴线上的主要殿堂和门屋；歇山顶华丽活泼，一般用于配殿；攒尖顶多用于亭、塔；悬山顶、硬山顶则多用于住宅。通常五品以上官员才可用歇山顶，六品以下用悬山顶、硬山顶。北京各名胜景点存留的传统建筑，都严格遵守着这样的规则与秩序。这样的建筑，不仅是功能性的呈现，而且承载着丰富的以等级制为核心的礼制文化内涵。

（四）中国传统建筑精神讲求人工与自然的和谐

中国传统建筑体系本质上与中国的哲学观念一脉相承，突出的一点就是崇尚自然、师法自然，强调“天人合一”，与自然保持和谐的关系；并且注重整体和谐的群体风格，审美特点上近乎山水画，注重意境。而西方建筑体系毫不掩饰人工痕迹，强调人工与自然的对立，形成外露的风格，在审美特点上接近于雕塑，与中国传统建筑形成鲜明对比。

比如中国传统园林追求“虽由人作，宛自天开”的境界，人工与自然融为一体。园景构图采用曲折的自由布局，因借自然，模仿自然，与中国的山水画、山水诗文有共同的意境，无论是著名的以苏杭为代表的构筑精致、意境深远的江南园林，还是以北京为代表的大气恢弘的皇家园林，都是如此。与欧洲古典园林惯用几何图形，注重林木修剪、人力造作的气氛，大异其趣。

中国古代建筑，处处渗透着儒家的审美观和文化性格，充满恬静平和而内向的氛围，与西方建筑的外向暴露、多强调个性、以凸曲线向上扩张的特点也有很大不同。比如太和殿的庑殿式大屋顶，限制了建筑物的上冲意向，将建筑物空间上可能出现的触目存在与剧烈变化收束在稳定、持重、安逸的建筑形象之中，正符合帝王宫殿对庄重典雅的要求。同时，在斗拱的作用下，大屋顶出檐深远，又有漂亮的反曲线和轻巧多姿的翼角，所以也不显得沉闷和压迫，在安定与灵动中达成一种至高境界的平衡。又比如传统殿堂楼阁面向庭院的一边往往有窗廊与庭院相接，今天我们去颐和园、故宫的御花园、北海的长廊，都可以看到类似的结构。这实际上是室内建筑空间和室外自然空间之间的一个过渡，是建筑与自然保持和谐的一个中介和桥梁，既有实际的遮阳、防水等功能，又对使用者的心理有着深刻的暗示作用。而欧洲的建筑，大多与自然直接衔接，少有过渡与缓冲。

中国传统建筑以群体取胜，注重虚实结合，以依附大地、横向铺开的形象特征表达出与自然相适应、相协调的艺术观念。现存的北京城的建筑遗存，是元代以来中国传统城市建筑的典范。元大都的主要设计者刘秉忠既秉承儒家思想，遵循《周礼·考工记》中都城的设计理念，同时又受到道家思想的影响，强调“人法地，地法天，天法道，道法自然”，使“天人合一”的思想在元大都的建设规划中得到充分体现。明清的北京城也与之一脉相承，以什刹海为中心，整个都城格局严整、等级森严，分为内城、皇城、宫城，全城有壮丽的中轴线，形成了北京城的脊梁。城市中心是金碧辉煌的皇宫建筑，宫殿四周是井然有序的街道和胡同；西侧有三海组成的宫苑，以其优美风景调剂了中轴线的严肃、单一；散置各处的庙宇寺观则以其独特的建筑形式点缀着城市，使北京城既不失都城的庄严，又充满自然的生机与活力，是人与自然的和谐关系在城市建筑中的充分体现。

（五）中国传统建筑强调群体、讲究布局

中国传统建筑中的单体建筑，体量一般不如西方建筑巨大，造型效果较弱。但是中国建筑强调群体组合，充分利用了空间组合的手段，来达到壮大雄伟或精巧复杂的建筑效果。从形态上来看，中国传统建筑一般不追求向高处发展，而是沿着地面向四处做有序铺排，进行群体组合。比如紫禁城内宫殿错落，房屋相接，在一定的空间内沿平面铺展开来，通过一连串空间和实体的组合与交替，来烘托皇权至上这一特定的主题。居于中心的单体建筑——太和殿，从单体上看，并没有压倒一切的优势，如果单独置于郊外的山水之中，并不显得过分宏大，但是由于前后左右建筑的衬托，以及众多庭院空间的铺垫，大大加强了它的艺术魅力和威严气势。而西方皇宫强调的是皇宫建筑的单体，即宫殿建筑的群体中每一建筑都有独立的造型意义，而不只是陪衬，这是中西方建筑理念上的巨大差异。又比如以颐和园为代表的西郊园林，也特别注重空间的布局与整体的规划，从而造成一种既境界开阔又不乏曲折幽深、连绵无尽的艺术效果。所谓“曲径通幽处，峰回路转时”的艺术效果与独特意境，在古典园林中比比皆是。

颐和园

正是由于重视群体、讲究布局的建筑理念，使中国传统建筑在布局上强调对称与中心，体现出对中轴线的执着与偏爱。儒家也从理论上高度概括了中轴对称的建筑群体布局对于烘托尊贵地位的重要性，即“中正无邪，礼之质也”。所以，历代宫殿的主要建筑都在中轴线上，这也是区别于西方建筑物的一个重要特色。古代北京城市规划建设中最突出的成就，就是北京以宫城为中心的向心式格局和自永定门到钟楼接近 8 千米长的城市中轴线，这是世界城市建设历史上最杰出的城市设计范例之一，世界上再没有一个城市有如此鲜明的中轴线设计。北京城比较明确的中轴线始于金代，一条御道贯穿外城的丰宜门、皇城的宣阳门和宫城的应天门。到元代大都城，中轴线正式形成，位置在今旧鼓楼大街的中心线及其向南的延伸线，越过太液池东岸的宫城中央，直抵外城正中的丽正门。明代时，北京的中轴线向东移动了 150 米，最终形成了现在的格局。城市总体布局以中轴线为中心，从南到北，贯穿永定门、正阳门、天安门、午门、太和殿、中和殿、保和殿、乾清宫、神武门、景山、地安门、鼓楼、钟楼；左面为太庙，右面为社稷坛；前面是朝廷，后面为市场，北京城最华丽壮美的建筑都在这一条中轴线上。中轴线的建立，目的是强调封建帝王的中心地位，当然也奠定了一个城市的中心。建筑大师梁思成曾这样赞美这条中轴线：“一根长达八公里，全世界最长，也最伟大的南北中轴线穿过全城。北京独有的壮美秩序就由这条中轴的建立而产生；前后起伏、左右对称的体形或空间的分配都是以这中轴线为依据的；气魄之雄伟就在这个南北引伸、一贯到底的规模。”北京因此在城市布局上成为世界上最辉煌壮阔的城市之一。

三、北京古代建筑的不同类型

中国传统建筑主要包括城市、宫殿、坛庙、陵墓、寺观石窟、园林、民间公共建筑七大类。从单体来看，又有城、殿、堂、楼、阁、亭、塔、廊、榭、表、坊等近二十种类型。这些在今天的北京城基本上都有留存，可以说，北京有着中国最为丰富的古代建筑资源。

（一）“非令壮丽，无以重威”的宫殿建筑

汉高祖刘邦通过楚汉之争，击败项羽，建立大汉王朝。萧何受命督造未央宫，修建得巍峨壮丽，刘邦批评他过于奢华，萧何解释说：“天子以四海为家，非令壮丽，无以重威。”后来司马光在《资治通鉴》中并不认同萧何的这一做法，认为圣明的君主应该以仁义自居，以道德为威严，不能依靠宫殿的规模来镇服天下。但是千百年来，宫殿建筑的主流仍然是追求富丽堂皇、雄伟壮大。

虽然从功能性上来说，宫殿是帝王生活起居的场所，但又不止于此，其伟大和壮丽是君权与礼制的体现。帝王的至高无上，等级制度的森严有序，都在宫殿的建筑规模和形式中得以体现。通过建筑艺术来体现和烘托王权，这种观念起源甚早，比如传说中夏桀作倾宫、瑶台，但时间过于邈远无证可考。从考古发现来看，在河南偃师二里头发现的一号宫殿遗址，是现知中国古代最早的宫殿，这是一座由廊子合围的院落，院中只有一座简单的殿堂，但相对于周围其他的民居来说，其崇高感已经自然显现。

到春秋战国以后，类似观念已经非常普遍。《诗经·小雅·斯干》中描写了距今约 3 000 年前周王宫殿的营造过程，"如跂斯翼，如矢斯棘，如鸟斯革，如翚斯飞"的句子形象地描绘了宫殿建筑的壮丽。到战国时期，各国竞相建造巍峨的宫殿。到秦始皇建造阿房宫，萧何督造未央宫，乃至后来盛唐的大明宫，宫殿建筑富丽堂皇、巍峨壮丽的意识延续千年而历久不变。直至明清的紫禁城，达到一个新的高峰。

儒家强调内在精神的不朽，对于外物持现实态度，不求永恒，同时主张"节用而爱人，使民以时"。所以在传统建筑以木构为主、单体不能太大的前提之下，为了表现宫殿的尊崇壮丽，大大发展了群体构筑，通过建筑群来达到量的壮丽和形的丰富。比如阿房宫，据《史记·秦始皇本纪》记载："前殿阿房，东西五百步，南北五十丈，上可以坐万人，下可以建五丈旗，周驰为阁道，自殿下直抵南山，表南山之巅以为阙。为复道，自阿房渡渭，属之咸阳。"形成了一个庞大的令后人无法企及的宏伟的建筑群体，来彰显秦始皇一统天下、并吞六合的旷世伟业与无上尊崇。同时，强调通过台基的使用来提升殿堂的高度，强化崇高、伟大之感，来体现帝王的权威。比如唐代的大明宫、兴庆宫等宫殿均使用高台基，这既是王权至上意识的体现，也体现了大唐盛世充满自信的时代精神。

明清的紫禁城更是富丽堂皇、巍峨壮丽。紫禁城是明、清两代皇宫，是中国现存最大、最完整的古建筑群，是无与伦比的古代建筑杰作。紫禁城南北长 961 米，东西宽 753 米，面积约为 72.5 万平方米，建筑面积 15.5 万平方米。紫禁城建筑依据其布局与功用分为外朝与内廷两大部分，这种前朝后寝（宫）的布局是历代皇宫的基本格局。外朝与内廷以乾清门为界，乾清门以南为外朝，以北为内廷，外朝、内廷的建筑气氛迥然不同。外朝以太和、中和、保和三大殿为中心，是皇帝举行朝会的地方，也称为"前朝"，是封建皇帝行使权力、举行盛典的地方。前朝三大殿，造型庄重稳定，强调区别君臣尊卑的礼制秩序。内廷以乾清宫、交泰殿、坤宁宫（合称后三宫）三宫为中心，两翼为养心殿、斋宫、毓庆宫及东、西六宫，后有御花园，是封建帝王与后妃居住之所。内廷呈现出平和、宁静的气氛，强调与前朝统一、协同的精神。梁思成说："清宫建筑之所予人印象最深处，在其一贯之雄伟气魄，在其毫不畏惧之单调。其建筑一律以黄瓦、红墙碧绘为标准样式（仅有极少数用绿瓦者），其更重要庄严者，则衬以白玉阶陛。在紫禁城中万数千间，凡目之所及，莫不如是，整齐严肃，气象雄伟，为世上任何一组建筑所不及。"紫禁城整体建筑群体的壮阔和隆重，彰显着明清帝国的宏大气魄。

红墙黄瓦的紫禁城

（二）敬天法祖的礼制建筑

原始社会中对祖先崇拜和对自然神崇拜是先民心灵得以安顿的重要手段，也是代代延续的精神因子，一个部族通过崇拜共同的祖先和自然神得以维系某种联系。孔子虽然说过"敬鬼神而远之"，要遵循礼制祭祀山岳之神，但是孔子也强调"慎终追远"，要敬事祖先。对祖先的崇拜、祭祀体现的是血缘关系对宗族内部的维系，是社会层面安定的基础；对天地山川等自然物的崇拜体现出天人之间的紧密联系，同时自然神的等级化也可以反证人间等级存在的合理性。这两者是对现世君权的巩固，为历代统治者所接受与宣扬。中国之所以有一整套世代延续的礼制建筑，包括坛庙、宗庙、神祠、宗祠等，并特别重视帝王陵寝的建造，与这些观念的影响紧密相关。这些祭祀自然神和祖先圣哲的准宗教建筑坛庙，往往规模隆重，气氛肃穆，在古代建筑中形成了一种独特的传统。

从远古开始，祭祀自然神的典礼多在露天的高台举行，称之为“坛”。最早多为高出地面的土筑高台，后世不断发展成高大而富于特色的台型建筑，用于祭祀天、地、社稷等。如北京的天坛、地坛、日坛、月坛（祭日于东，祭月于西）、社稷坛、先农坛、先蚕坛等，其中天坛、先农坛、地坛、日坛、月坛分别位于内城的南北东西四郊，合称为“五郊坛”。祭祀祖先多在室内，称为庙或祠，如太庙、祖庙、孔庙、宗祠、先贤祠等，就属于等级不同、性质各异的庙祠。这些都是中国传统文化中独有的建筑，既不同于一般的宗教寺庙，又不同于常人生活的宫殿、住宅。

1. 天坛

《五经通义》中说：“王者所以祭天地何？王者父事天，母事地，故以子道事之也。”王者自视为天子，受命于天来统治百姓，所以祭祀天地是古代王朝的重要政治活动，也是帝王的特权。在对天地日月的祭祀中，祭天仪式最为隆重，因此作为祭天场所的天坛建筑规模最大，也最为讲究。天坛是北京现存最著名的坛庙，是世界上最大的祭天建筑群，是明清两代帝王祭祀上天、祈祷五谷丰登，以及在大旱之年祈雨的场所。天坛的建造是为了祭祀至高无上的天，因而所有的建造与布局都是为了烘托上天的肃穆、崇高，整体布局和单体建筑都反映出中国古代宇宙观中天、地、人之间的关系，体现出丰富的文化寓意。

天坛极力表现天的崇高、神圣及天子与上天的密切关系，体现了中国古代建筑中象征手法的杰出运用。天坛的整组建筑从总体布局上看，圆形建筑搭配方形外墙，外墙南面方角，北面圆角，象征着天圆地方的理念。主要建筑包括祭天的圜丘，祈祷丰收的祈年殿、皇乾殿、皇穹宇等，建筑布局疏朗宏阔，气氛庄严肃穆。

圜丘坛是皇帝举行祭天大礼的地方，始建于明嘉靖九年（1530 年），坛平面呈圆形，共分三层，皆设汉白玉栏板。坛面原来使用蓝琉璃砖，清乾隆十四年（1749 年）重建后，改用坚硬耐久的艾叶青石铺设，蓝青色象征青天。古代中国将单数称作阳数，双数称作阴数。在阳数中，数字 9 是“阳数之极”，表示天体的至高至大，叫作“天数”。因此，圜丘坛的栏板、望柱和台阶数等，处处是 9 或者 9 的倍数。顶层圆形石板的外层是扇面形石块，共有 9 层，最内一层有 9 块石块，而每往外一层就递增 9 块，中下层亦是如此。三层栏板的数量分别是 72 块、108 块和 180 块，相加正好 360 块，是代表一周天 360 度的天象数字。三层坛面的直径总和为 45 丈，除了是 9 的倍数外，还暗含“九五之尊”的寓意。从建筑技术上来看，在圜丘坛最上层中央的圆石上面，因为坛面光滑，声音传播效果极佳，碰到四周栏杆后反射回来，与原声汇合产生混响，使音量加倍提高，皇帝在此祭天时，声音洪亮并产生神秘高远的效果，更能够增加祭祀时的庄严气氛。

祈年殿是天坛的代表性建筑，其屋顶采用独特的三重檐圆形攒尖顶，下设三层台基，台基与屋檐通过层层收缩上升，体现出逐步与天接近的感觉。青色琉璃瓦，红色殿宇主体，白色汉白玉基座，色彩凝练，庄重大气。内外三层柱子的数目也和十二月、四季等天时的数目相对应。这些象征手法的运用，为天坛等礼制建筑蒙上了一层神秘的色彩。

天坛祈年殿

2. 宗庙

宗法制度是中国传统封建社会的统治基础，以血缘来维系家族关系，规定长幼尊卑的等级秩序，从而形成从上到下重视血统、尊敬祖先、齐家治国平天下的宗法社会意识。帝王的祖庙和庶民的祠堂都是宗法制度的具体体现与象征。

依照《周礼·考工记》中“左祖右社”的制度，明清两朝的皇室祖庙——太庙，位于天安门东侧，是国家祭祀设施中庙堂的最高等级建筑群。太庙共设有三重红墙黄瓦顶的墙垣，核心建筑群在最内一重墙垣之内，从南到北分别是：戟门，面阔五间，中间三门，门前有七座汉白玉石桥，类似紫禁城内金水河之形制；太庙祭殿，是皇帝祭祀时行礼的地方，面阔十一间，进深四间，黄琉璃瓦重檐庑殿顶，三重汉白玉石基，可以说是一座具体而微型的太和殿；太庙寝殿，面阔九间，黄琉璃瓦单檐庑殿顶，与祭殿一起呈现“前朝后寝”的格局，清代时在此供奉太祖、太宗、世祖、世宗一直到穆宗等帝后的神位；后殿，又称祧庙，规制同寝殿，供奉清称帝以前四位远祖的神位。

太庙

从建筑角度看，太庙建筑群布局严谨，形制尊贵，等级极高，是皇城之内仅次于紫禁城外朝三大殿的建筑群，规模甚至在后三宫之上，体现出祭祀祖先在封建社会中的重要地位。太庙之内，苍松古柏林立于侧，参天蔽日，气势森然，更增添了皇家祖庙的庄严肃穆。

除了太庙之外，北京孔庙是国家级别的祭孔场所，规模仅次于山东曲阜孔庙，始建于元大德十年（1306 年），明清两代重修沿用。进入孔庙，可以体会到人文化成、皇皇大哉的历史感。建筑群仿宫殿之制，中轴线上依次有影壁、先师门（棂星门）、大成门、大成殿和崇圣祠，中轴线两侧辅以配殿、廊庑，两侧有碑亭、进士题名碑、石鼓等，总体布局疏朗，气氛肃穆。通过中轴线的布局与设计，渐次进入，对孔子千秋功业的景仰之感也逐渐加深。

3. 祠堂

祠堂是族人祭祀祖先或先贤的场所，有着悠久的历史。在古代中国，祭祀祖先的习俗由来已久，秦汉以后，民间祭祖活动多在家中或墓地举行。受帝王宗庙，尤其是唐代以后册封元勋功臣、敕建祠庙的影响，以祠庙祭奠祖先的形式逐渐深入民间，元代以后基本形成定制，允许庶民建宗祠，明清时期达到顶峰，一直延续到民国期间。祠堂的首要功能是祭祀祖先，通过祭祖达到敬宗收族的目的，通常在祠堂可以设家塾、置义田、修族谱，还可以议事、进行宗族内部审断，以及娱乐活动。随着历史的发展，在古代社会中，祠堂和合亲族的功能被扩大。

古代祠堂种类繁多，从其属性来看，可分为三大类：一是庙祠，纪念先祖和前代贤哲；二是专祠，即为了纪念特定的人或神的功德而为其建立的祠宇；三是宗祠，宗族祭祀祖先之所。按其性质，又可划分为墓祠、寺院祠、书院祠、园林祠、会馆祠、忠孝节义祠、名宦乡贤祠、祭祀祠等。

在北京，除了太庙、历代帝王庙、孔庙等特殊的庙祠以外，还有大量的名人专祠。以下略举一二加以介绍。

文丞相祠：位于东城区府学胡同，是纪念南宋末年抗元名臣文天祥的专祠。文天祥，吉州庐陵（今江西吉安）人，在抗元战役中被俘，因拒绝投降元朝而被杀害，其威武不屈的英雄气概和浩然正气，一直为后世所景仰。文丞相祠始建于明洪武九年（1376 年），是民间众多百姓为纪念和歌颂文天祥的爱国情怀而自发修建的，地址即在文天祥被囚禁的府学胡同，至今已有六百多年的历史。虽然占地面积不大，并经过清、民国以来的几次修葺，但从牌楼式大门到过厅、享堂，仍保留着明代的古建筑风格。

文天祥祠

于谦祠：位于东城区西裱褙胡同。于谦，浙江钱塘人，明代重臣。“土木堡之变”后，任兵部尚书，率军抗击瓦剌入侵，保卫北京城，挽救大明社稷。明英宗朱祁镇复辟后，以谋逆罪将于谦杀害。成化二年（1466 年），明宪宗朱见深特诏追赐复官，将其在北京的生前故宅改建为“忠节祠”。万历十八年（1590 年）改为“忠肃祠”。该祠在清代初期被毁，光绪年间重新修建，后来又几经毁坏、修葺才保存至今。祠堂坐北朝南，正房五间为享堂，是硬山顶的明代建筑风格。

袁崇焕祠：位于东城区东花市斜街。袁崇焕，广西藤县人，明朝杰出的军事将领。他抗击后金，保卫山海关和北京城，屡次击退后金进攻，战功卓著。崇祯元年（1628 年）授兵部尚书，督师蓟辽，因崇祯帝听信谗言，于崇祯三年（1630 年）九月，被冤杀。袁崇焕死后，佘氏义仆为其收敛骸骨，葬于北京广渠门内的广东义园，世代子孙为其守墓。清乾隆四十九年（1784 年），乾隆帝下诏为袁崇焕平反，后人在其墓前修建祠堂，以纪念其爱国情怀。祠堂几经毁坏之后，今已整修一新，恢复原貌。

在北京，这样的历代名人专祠还有很多，比如西城区报国寺内的顾亭林祠，是清道光二十三年（1843 年）为纪念明清之际著名思想家、学者顾炎武而修建的。又如西城区宣武门外的杨椒山祠，是清乾隆年间为纪念因弹劾奸相严嵩入狱受刑致死的明代忠臣杨继盛而修建的，其因 1895 年康有为等人在此地发起反对《马关条约》的“公车上书”而更加广为人知。

（三）慎终追远，事死如生——古代的陵寝建筑

古人相信灵魂不死，人死以后是去往另外一个世界生活，因此陵寝坟墓是故去之人在另外世界的居所，本着“事死如生”的观念，古人对陵寝建筑给予了充分的重视。帝王的陵寝犹如生时的宫殿一样，不仅功能齐备，而且同样奢华完美。现实之中有等级差异，陵墓建筑也是如此。陵寝的规模、棺椁的厚度、封土的大小，直接体现出墓主在生前的地位和等级。

就帝王陵寝来说，从秦始皇陵开始，就有了封土为陵的制度。历代的帝王陵寝规模不一，但都渗透着严格的礼制逻辑，以突出皇权的尊严。秦始皇陵是秦汉时代规模最大的陵墓，堆土为陵，每边约 350 米，残高有 43 米，三层方锥体台级形制。南枕骊山，北望渭河，模拟自然山丘堆建。秦始皇陵的内部情况，我们只能从司马迁的记载中了解一二，“始皇初即位，穿治郦山，及并天下，天下徒送诣七十余万人，穿三泉，下铜而致椁，宫观百官奇器珍怪徙臧满之。令匠作机弩矢，有所穿近者辄射之。以水银为百川江河大海，机相灌输，上具天文，下具地理。以人鱼膏为烛，度不灭者久之……树草木以象山。”（《史记·秦始皇本

纪》）秦始皇陵的内部情况今天尚无从详知，但从已发掘的兵马俑、车马坑就已经窥见其庞大规模与奢华壮观。

汉唐盛世，帝王陵寝或封土为陵，或因山为穴，都极力突出帝王身后归宿的尊崇、壮伟。比如汉武帝茂陵，唐高宗、武则天乾陵，等等，都是如此。到明代北京昌平的十三陵，古代帝王的陵寝建筑达到一个高峰。

明十三陵位于昌平天寿山南面的山谷中，始建于明永乐七年（1409 年），汇聚了明永乐皇帝到崇祯皇帝共十三位帝王的陵寝，形成了规模宏大、艺术造诣高超的陵墓建筑群，是中国古代建筑群规划设计的典范。英国著名学者李约瑟将其誉为中国皇帝陵寝中的“最大的杰作”，2003 年正式入选世界文化遗产名录。

永乐七年（1409 年），明成祖朱棣命江西风水师在北京郊外寻求吉祥的墓地，最后发现了昌平县东黄土山，朱棣甚至御驾亲临踏勘地形，赐名为“天寿山”，在此修建长陵，并成为明朝此后十二帝的陵寝所在。十三陵的选址极为成功，其所处的地形是北、东、西三面环山，南面敞开，山间众溪流汇聚于陵前河道后，向东南奔泻而去。陵前 6 千米处神道两侧有两座小山，被巧妙地当作十三陵的“双阙”，体现出人工与自然的巧妙结合。天寿山山势延绵，陵墓南面而立，背后主峰耸峙，左右群山环抱，向南一直伸展开去，广袤开阔。陵墓的基址平坦宽广，山上草木丰茂。十三座皇陵均依山而修筑，分别建在东、西、北三面的山麓上，空间布局合理，形成了体系完整、规模宏大、气势磅礴的陵寝建筑群。从入口通往各陵的主神道由石牌坊、大红门、碑亭、石象生、龙凤门等组成，缓步入内，渐次经过，犹如一幅波澜壮阔、庄重肃穆的画卷沿着井然有序的空间向着远山徐徐展开，令人顿生神圣、庄严之感。

相比较其他历朝历代的皇帝陵墓，明十三陵有着与众不同的明显特色。首先，明十三陵秉承“陵墓如城邑”的理念，在规划上与明北京城有着直接的象征关系，其中陵宫建筑群明显是紫禁城的象征，陵区建筑体现出特别突出的整体性，与北京城的规划理念构成一个有机整体。其次，陵寝建筑制度独具风貌。明太祖朱元璋在南京建孝陵的时候开始变更古制，创新为前方（方形院落）后圆（圆形宝城），宝顶、明楼、享殿沿中轴线纵向排列的崭新的陵园布局方式，陵前的神道采用多次转折的曲路形制。这些在十三陵中都得到遵循与弘扬，十三陵的主轴线设计因地制宜，略微偏向东北方向，蜿蜒曲折。再次，特别突出长陵的尊贵地位。十三座陵寝中，长陵最先建造，位置最为核心，规模也最大，这跟永乐皇帝的历史地位是相符的。长陵建筑主要由祾恩门、祾恩殿及明楼、宝城等组成。主要建筑祾恩殿，与故宫中的太和殿规模一样大，总面积达 1 956 平方米。它的柱、梁、檩、椽和檐头全部使用楠木，殿内的 32 根巨柱，都是用整根金丝楠木制成的。其他各陵的建筑形式虽然与此相类，但建筑规模都远不及此，在位置上也是分列两侧，呈现众星拱月的态势，从而显示出长陵的尊贵地位，同时与长陵构成浑然一体又主次分明的整体格局。最后，明十三陵在前代封土为陵、因山为穴的陵寝建造模式之外，开启了依山建陵的模式，陵寝建筑群与天寿山一带的整体自然环境浑然一体、和谐交融，体现出融于山水、合于自然的建筑意境。

长陵

（四）欲穷千里目，更上一层楼——楼阁亭台

1. 楼阁

楼阁是古代建筑中的多层建筑物。楼与阁在早期是有区别的。楼是指重屋，阁是指下部架空、底层高悬的建筑。阁一般平面近方形，两层，有平坐，在建筑组群中可居主要位置，佛寺中有以阁为主体的，如天津独乐寺观音阁。楼则多狭而修曲，在建筑组群中常居于次要位置，如佛寺中的藏经楼，王府中的后楼、厢楼等，处于建筑组群的最后一列或左右厢位置。后世“楼”“阁”二字互通，大多时候并没有严格区分。

古代楼阁有多种建筑形式和用途，比如城楼、阙楼、市楼、望楼等。城楼在战国时期既已出现，汉代时有的城楼已高达三层。北京城现存的正阳门城楼、天安门城楼、德胜门城楼等，都是典型的古代城楼，因其在帝国都城的缘故，建筑雄伟壮丽、大气磅礴，形制规模都为其他地方城楼所不能比拟。有关北京的城楼，瑞典美术史家喜仁龙有这样的赞叹：“双重城楼昂然耸立于绵延的垛墙之上，其中，较大的城楼像一座筑于高大城台上的殿阁。城堡般的巨大角楼成为全部城墙建筑系列的巍峨壮观的终点。”其中，作为皇城城门的天安门城楼，面阔九间，进深五间，重檐歇山、黄琉璃瓦顶，台基面阔约为城台长度的一半，城楼高度约为城台高度的两倍，使得城楼与城台形成一纵一横的平衡构图，雄伟壮丽，均衡和谐，已成为北京的象征。阙楼、市楼、望楼等也是古代应用较多的楼阁形式，北京故宫的午门实际上就是由古代的阙楼发展而来的特殊楼观，极为雄伟壮观。作为紫禁城的正门，正中的门楼面阔九间，进深五间，象征九五之尊，采用重檐庑殿顶的形式，都是最高的形制与规格。城台两侧，各设廊庑十三间，在两翼向南排开，称为“雁翅楼”，每侧两端各设一座重檐攒尖顶的阙楼，整体来看，三面环抱五座城楼，错落有致，气势恢弘，是传统阙楼建筑艺术的精华体现。佛教传入中国后，大量修建的佛塔建筑也成为一种常见的楼阁，如建于辽代的山西应县佛宫寺释迦塔，可以说是中国现存最高的古代木结构的楼阁。北京颐和园中有著名的佛香阁，实际上是仿照杭州六和塔的形制建造而成的。另外，历史上有些用于庋藏图书、器物的建筑物也多称为阁，比如乾隆年间编修《四库全书》后，分别抄写七部，藏于七座楼阁之中，其中北方四座，南方三座，位于北京的有紫禁城的文渊阁及圆明园的文源阁（毁于英法联军火烧圆明园）。此外，比较著名的藏书楼阁还有浙江宁波的天一阁、山东聊城的海源阁等，都是明清以来最有名的私人藏书楼。文渊阁从形制上来说仿照天一阁建造，因此是紫禁城中唯一地道的南方式建筑，色彩以青、绿、黑等冷色调为主，与紫禁城建筑群以黄、红为主的暖色调大不相同。其他各地的名胜景点及有些建筑群中登高望远的建筑往往也以楼阁为名，如我们熟知的江西南昌滕王阁、湖南岳阳楼、湖北武汉黄鹤楼、古代贡院中供主考官登高监视指挥的明远楼、北京司马台长

颐和园佛香阁

城敌楼中著名的望京楼与仙女楼，以及由多个歇山式组成复合式屋顶、覆黄琉璃瓦、有九梁十八柱七十二条脊的形制秀美的紫禁城角楼，等等，都可以归入其中。

故宫角楼

2. 亭台

亭的历史也十分悠久，但古代最早的亭并不是供观赏用的建筑。周代的亭，是设在边防要塞的小堡垒，设有看守管理的亭吏。到秦汉，亭的建筑扩大到各地，为地方维护治安的基层组织所使用。裴骃《史记集解》引应劭语，“旧时亭有两卒：一为亭父，掌开闭扫除。一为求盗，掌逐捕盗贼。”汉朝的开国皇帝刘邦早年就做过亭长。魏晋南北朝以后，亭逐渐废弃，但民间在交通要道筑亭作为旅途歇息之用的习俗却沿用下来，亭有时也作为迎宾送客的礼仪场所，一般是十里或五里设置一个，十里为长亭，五里为短亭。比如李白有一首著名的《菩萨蛮》，其中两句是“何处是归程，长亭更短亭”，写出了诗人深切的思归之情。到了隋唐时期，作为装饰景点的建筑，园苑之中筑亭已很普遍，如隋炀帝杨广在洛阳兴建的西苑中有风亭月观等景观建筑。唐代宫苑中亭的建筑大量出现，如长安城大明宫中有太液池，池内有太液亭。宋代有关亭子的记载更多，著名的有欧阳修在安徽滁州修建的醉翁亭，因《醉翁亭记》而天下闻名，除此之外他还修建了丰乐亭，留下了《丰乐亭记》这一名文。宋代建筑工程名著《营造法式》已经详细记载了多种亭子的形状和建造技术。

明代著名的造园家计成在《园冶》中说：“亭者，停也。所以停憩游行也。”说明在造园艺术家眼里，亭子主要是供游人憩息的场所，同时又是园林中重要的点景建筑，布局合理恰当，可以极大提升园林建筑的意蕴，对此《园冶》中有极为精辟的论述：“花间隐榭，水际安亭，斯园林而得致者。惟榭只隐花间，亭胡拘水际，通泉竹里，按景山颠，或翠筠茂密之阿，苍松蟠郁之麓；或借濠濮之上，入想观鱼；倘支沧浪之中，非歌濯足。亭安有式，基立无凭。”可见不管是山顶、水际、湖心、花间、竹丛，只要能构成建筑空间中好的景观艺术效果，都是建筑亭子的合适地点。

亭子在中国园林建筑的意境构成中起着很重要的作用。亭子的造型多种多样，但基本结构是相同的，都是由一个屋顶、几根柱子构成，中间是空的。看起来非常简单，但奇妙之处就在于能把外界大空间的景象吸纳到这个小空间中来，以其美丽多姿的轮廓与周围景物构成园林中绝美的画面。元代张宣题倪瓒的《溪亭山色图》有两句诗“江山无限景，都聚一亭中”，正说出了亭子构景的妙用。亭子能把外在空间、大自然的无限景色都吸纳进来，使游览者能够从小空间进到大空间，同时又能够突破遮蔽和阻挡，一览无余，在造景和审美上都是非常奇妙的构造。

北京的著名园林、景点，几乎都离不开亭子的点缀。有的在园林高处筑亭，既是仰观的重要景点，又可供游人统览全景。比如故宫御花园中的御景亭，修建于太湖石堆叠的假山——堆秀山上，造型端庄大气，与山势结合完美，又是重阳登高、俯瞰紫禁城的最佳处所。而在景山五峰之巅各建有一亭，中曰万春亭，东曰观妙亭、周赏亭，西曰辑芳亭、富览亭。最外侧两亭为圆亭（蓝琉璃瓦剪灰边），往中间两亭为八角亭（黄琉璃瓦绿剪边），中峰万春亭为四方亭（三重檐黄琉璃瓦攒尖顶），五亭形制各异，风格独特，既是景山上的一道独特风景，又成

景山五亭之一

为品味、体会北京城市建筑之壮美的最佳观览之地。有的在山坡上筑亭，可以衬托山势的高耸，如香山的阆风亭，建于香山南侧线路中间的山坡上，临山崖而建，可以远眺西山，是观景佳处。有的在临水处筑亭，则取得倒影成趣的效果，比如北海北岸西侧临水建有五龙亭，始建于明嘉靖年间，五座亭子一字排开，倒影成十亭，极有意境。也有在桥上筑亭的，如颐和园中西堤上的桥亭等，亭桥结合构成园林空间中的美好景观艺术效果，又有水中倒影，使得园景更富诗情画意，人在亭内眺望全湖风景时，山光水色，绮丽迷人。

亭子既是重要的景观建筑，也是文人士大夫撰联题对、题诗作赋的雅集之地。以唐代诗人白居易的诗句“更待菊黄家酿熟，与君一醉一陶然”而命名的陶然亭，在北京先农坛的西面，建于清康熙年间，既是登临眺远之胜地，又是清代以来文人眼中的“红尘中清净世界”，文人墨客多会于此，留下许多著名的诗赋楹联作品。现在亭子东向门柱上悬挂着林则徐所撰、当代书法家黄苗子书写的名联：“似闻陶令开三径，来与弥陀共一龛”。亭间则分别悬挂着清代学者翁方纲所撰、翁同龢所书写的“烟藏古寺无人到，榻倚深堂有月来”一联，以及现代书法家康雍书写的“慧眼光中，开半亩红莲碧沼；烟花象外，坐一堂白月清风”对联。在亭的南北墙上有四方石刻，分别是江藻撰写的《陶然吟》引并跋，江皋撰写的《陶然亭记》，谭嗣同撰写的《城南思旧铭》并序，以及王昶撰写的《邀同竹君编修陶然亭小集》。众家名作，相映生辉，体现出陶然亭一带深厚的历史传统与丰富的文化内涵。

亭台楼阁形制各异，有的小巧玲珑、精致灵动，有的大气磅礴、威严壮观，但都为构成园林景观、空间艺术层次起到了重要作用，更增添了景点的情趣，成为北京名胜景点中既富于民族特色，又有丰富文化内涵的建筑样式。

（五）深山藏古寺——宗教建筑

北京作为五朝古都，在宗教信仰上呈现出多元化的特点。随着历史的发展，佛教、道教、伊斯兰教、天主教、基督教等纷纷进入北京的信仰世界。多重的宗教信仰造就了北京诸多各具特色的宗教建筑，佛寺、道观、喇嘛庙、清真寺、教堂和谐相处、互相融合，构成了北京丰富多彩、不断创新的宗教建筑文化。

北京现有佛寺几百座之多，佛寺建筑在总体布局及具体风格上主要体现出明、清时期佛教建筑的特征。一般较大的佛寺都是由主房、配房等组成严格对称的多进院落形式。在主轴线的最前方是山门，中央正对山门的是天王殿，一般是三间穿堂形式的殿堂。穿过天王殿，第二个院落中，主轴线上的是正殿，是整个佛寺建筑群的中心建筑物，一般名为“大雄宝殿”。正殿左右配殿或作二层楼阁形式，正殿后的一进院落常建有两层的“藏经楼”。另外，多在主轴院落两侧布置僧房、禅堂、斋堂等僧人居住的房屋，北京的广济寺、红螺寺等著名寺院都属于这种类型。小型的寺庙一般只有一进院落，进山门迎面就是大殿，两厢则为僧房。

佛寺建筑群组中常布置一系列附属建筑，如山门前的牌坊、狮子雕刻、塔、幢、碑等，与主体建筑形成整体配合。北京现存的佛塔都是砖石建造的，形制多样，著名的有广安门外辽代建造的天宁寺塔（斗拱密檐型）、阜成门内元代建造的妙应寺白塔（窣堵波型）、阜成门明代修建的慈寿寺塔（斗拱密檐型）、大正觉寺金刚宝座塔（印度金刚宝座式）等。

北京的许多古刹名寺都是依山而建，风景清幽，历史悠久，在佛教建筑、园林规划方面都有突出的典范意义和审美价值。比如西山大觉寺，从辽代以来即是西山著名寺院，是金代著名的八大水院之一，清代多次修缮，并作为雍正、乾隆两位皇帝的行宫，规模较为宏大，体现了中国传统佛寺的基本布局特点，主要建筑沿中轴线布局，自东向西有影壁、山门、放生池、天王殿、大雄宝殿、无量寿殿、大悲坛、舍利塔、龙潭及龙王堂，两侧有碑亭、钟鼓楼及配殿等；南路为清代行宫，包括四宜堂、憩云轩等园林式建筑群，更显清雅幽致。

西山大觉寺

除了汉传佛教建筑之外，北京还有大量的喇嘛教建筑，从建筑风格来看一般有两种形式：一种是和普通佛寺相近的宫室式木建筑，采用四合院式布局，寺庙前半部的山门、天王殿、大殿都和普通佛寺差不多，但大殿后面的部分常有高大雄伟的建筑，在布局上也有所变化。例如，雍和宫的后部采用三殿并列的形式，用复道将高大的万福阁和两侧的永康阁、延宁阁连接起来，气势十分宏伟。另一种是属于碉房式的砧石建筑，比如颐和园后山的喇嘛寺即是如此。

北京道教建筑的历史也很悠久，最早有文献记载的是唐代，从元代开始大规模地修建道观，一直留存到今天的有白云观和东岳庙等著名道观。白云观是现在北京规模最大的道观，始建于元代，清代重建，体现了清代道观的规制与风格。东岳庙则是道教正一派在华北地区最大的道院，作为皇家敕建寺庙，一直享有较高的规格与尊荣。

北京的伊斯兰教寺庙共有 80 余座。伊斯兰教刚传入中国时，寺庙完全是阿拉伯式的建筑，后来借鉴融合了中国传统木建筑形式，形成特点鲜明的建筑样式。北京历史最悠久、规模最大的广安门牛街清真寺的建筑就是中国的伊斯兰教寺庙建筑典范，其在结构和材料上继承了中国建筑传统，但在建筑制度、总体布局和内部装饰上仍然保留了伊斯兰教的特有形式，在平面布置和总体布置上充分满足了宗教活动的需求，形成了独特的中国伊斯兰建筑文化。另外，花市清真寺、东四清真寺、通州清真寺等也是北京较为著名的清真寺建筑。

北京天主教堂的历史可以追溯到元大都时期，来自欧洲的罗马天主教方济各会修士孟高维诺于 1294 年在北京修建了第一所天主教堂。此后，天主教得到元朝皇帝的许可，在北京建立了许多教堂。

北京最著名的四大天主教堂建筑为：南堂——宣武门天主教堂，东堂——王府井天主教堂，西堂——西直门教堂，北堂——西什库天主教堂。其中北堂是典型的哥特式建筑，四个高高的尖塔、三个尖拱券入口及主跨正中圆形的玫瑰花窗，塑造出端庄而绮丽的立面，在青松翠柏环绕之中越发显得洁白、挺拔。堂前左右两侧各有一中式四角攒尖黄色琉璃瓦顶的亭子，亭内是乾隆亲笔题写的石碑，一西一中、一高一矮，巧妙搭配。另外，主入口两侧的圣者雕像是北京各教堂中绝无仅有的。1985 年，教堂修缮一新，变得更加光彩夺目，成为北京最绚丽的教堂。

南堂在明末意大利传教士利玛窦始建的礼拜寺的基础上，于清顺治年间经汤若望扩建而成，康熙、雍正、光绪年间多次重修，也是中西合璧的建筑风格。南堂有三层院子，中式主入口内的第一进院里以圣母山为主，东院为教堂，西院是住房，此外还有天文台、藏书楼等。教堂正立面朝南，为巴洛克式，室内则采用了罗马式的手法。

（六）天下雄关——北京的长城

长城是我国最著名的、为全世界所熟知的历史文化遗产，已经成为中国的符号与象征，1987 年被联合国教科文组织公布为中国首批世界文化遗产。

长城开始修建于春秋战国时期，秦始皇统一中国以后，在北部边境将各国修筑的长城连接起来，西起临洮，东到辽东，延袤万余里，成为气势磅礴的万里长城。

秦代以后，历朝历代对长城屡有修建、增筑，一直到明代大规模的增建，长达两千多年，一直没有停止。因此，长城是世界上修建时间最长、工程量最大的一项军事防御工程，是古代建筑工程的奇迹，是人类建筑文化的宝贵财富。

长城的修建历代都有延续，但到清代，康熙帝认为修长城是劳民伤财的工程，因而终止了长城的修建。康熙三十年（1691 年），在针对请求修缮古北口长城的上谕中，康熙说："帝王治天下，自有本原，不专恃险阻。秦筑长城以来，汉、唐、宋亦常修理，其时岂无边患？明末我太祖统大兵长驱直入，诸路瓦解，皆莫敢当。可见守国之道，惟在修德安民，民心悦，则邦本得，而边境自固，所谓众志成城是也。"实际上，除了爱民固本的统治思想之外，清军入关势如破竹，长城未能起到防护作用，也是康熙不认可长城的作用、不同意继续修缮长城的重要原因。此外，随着战争方式的改变，长城的防护作用也不再突出，因此长城的终止修建是一种必然。此后，长城就渐渐失去其军事意义，终结了它的军事使命。但是，长城所代表的持久、艰辛的修筑历史，精巧而又不断创新的建筑技巧，所具有的大气磅礴、逶迤千里的独特建筑之美，却使它能够长久地留存下来，成为中华民族智慧与劳动的结晶、人类伟大创造力的体现。

登上万里长城，望雄关漫漫，气势雄伟，想关山重重，历史沧桑，令人不禁心驰神往，发怀古之幽思，叹江山之壮丽。长城壮美之景，峰上云汉，气压幽并，东穷碧海，西带黄河，画面雄浑壮大，气魄不凡。

北京地区的长城是我国现存长城的精华所在，位于西山山脉和燕山山脉之间，多修筑于崇山峻岭、悬崖陡壁之上，绵延千里，气势雄伟，规模宏大。始建于战国时期的燕国长城，秦统一后继续沿用。此后北魏、北齐继续修建，在北京长城的历史上起着承前启后的作用。现存的长城绝大部分为明代所修建。明代边患频繁，防卫任务甚重，因而是秦代以后各朝中最为热衷修建长城的朝代。因此，明长城的建筑设计与施工水平超出前代，修建成就也最大，其中最有代表性的即在拱卫京师的蓟州、宣府两镇。这些长城，今天基本上都存留下来了，成为北京长城的主体。

根据北京市文物局于 2009 年公布的调查数据，北京地区长城的精确长度为

526.654 67 千米，总体走向和分布主要由东西和北西两个体系构成，以居庸关—八达岭、黄花城—慕田峪、古北口—司马台三线保存最为完整。以下介绍其中较为著名的几段。

1. 八达岭长城

八达岭长城位于延庆县南部，是明长城中最著名、最有代表性的一段，被称为北京地区长城的精华所在。1987 年长城被列入世界文化遗产名录，接受联合国颁发的人类文化遗产证书的就是八达岭段长城，八达岭长城俨然已经成为中国长城的代表。

八达岭长城

八达岭长城从明弘治十八年（1505 年）开始在北齐长城的基础上修建，由关城、城墙、敌楼和哨楼等部分组成，有敌楼 43 座。八达岭是燕山山脉的一个关口，地势险要，此段长城的修建即秉承历代长城“因险设阻”的经验，依山势而建，蜿蜒曲折，结构复杂，体系完整，成为居庸关防线最北端、最重要的部分。清初诗人沈用济《登八达岭》诗曰：“策马出居庸，盘回上碧峰。坐窥京邑尽，行绕塞垣重。夕照沉千帐，寒声折万松。回瞻陵寝地，云气总成龙。”写出了八达岭长城的曲折盘桓、险峻壮阔。

2. 居庸关长城

居庸关长城位于昌平区西北，地势险要，是北京地区最古老的军事关隘，为兵家必争之地，也是卫护京师的雄关重镇，春秋战国时期就已是天下要塞之一。元代郝经在《居庸关铭》中说："居庸关在幽州之北，最为深阻，号为天下四塞（紫荆关、居庸关、古北口、山海关）之一。"居庸之名的由来，相传是秦始皇修筑长城时，将囚犯、士卒和民夫徙居于此，取"徙居庸徒"的意思。现存的关城始建于明洪武元年（1368 年），再建于景泰至嘉靖年间。关城占地约 60 万平方米，是明太祖朱元璋派大将徐达修建的，气势宏大，城墙全长 4 000 多米，绵延曲折，是居庸关四重防线的中心。明代著名思想家李贽有《晚过居庸关》一诗，其中"重关天险设居庸，百二山河势转雄"二句写尽居庸关据守天险、控扼塞北的气势。居庸关两旁，山势雄奇，有长达 18 千米的溪谷，俗称"关沟"，清流萦绕，翠峰叠立，林木繁茂，景色优美，被称为"居庸叠翠"，金代时就被列为"燕京八景"之一。清代乾隆皇帝有《居庸叠翠》诗："居庸天险列峰连，万里金汤固九边。雄峻莫夸三峡险，崎岖疑是五丁穿。岚拖千岭浮佳气，日上群峰吐紫烟。盛世祗今无战伐，投戈戍卒艺山田。"既写出了居庸关的险峻雄奇及固边御敌的历史功绩，也描绘了附近景色的绮丽优美。

3. 慕田峪长城

慕田峪长城位于怀柔区南部，是明代边防黄花路辖下最东面的关隘，始建于南北朝，明朝初年重建，著名将领戚继光在隆庆年间又曾加修。慕田峪长城建筑宏伟，景色秀美，城墙走势富于变化，兼有八达岭之雄伟和司马台之险峻。慕田峪长城的建筑很有特点，城关建筑奇特，以三个相连敌楼为前哨，关口不是设在正中，而是在东侧开门，沿陡坡修筑台阶进出。另外，城墙双面设置垛口，可以两侧同时迎敌，也是其突出特点。

4. 司马台长城

司马台长城位于密云县东北，地处古北口东麓隘口，是古北口防线的重要部分，也是北京地区保留明长城原貌最好、最为险要的一段。明洪武初年开始修建，隆庆、万历年间著名将领谭纶、戚继光又曾增修。司马台长城全长 5 000 多米，东起望京楼，西接金山岭长城，有敌楼 35 座，形式多样，以仙女楼、望京楼最为著名。司马台长城以惊险、奇峻著称，利用山势特征，巧妙地修筑了险奇多样的连接城墙，各敌楼前后呼应，形成严密的防御体系。著名长城专家罗哲文先生对此赞叹不已，评价说："司马台长城堪称长城之最"。

（七）长虹卧波——北京的古桥

桥是建筑中既基于实用需求，又能给人以审美感受的典型形式。尤其是古代的桥梁，经过岁月的洗礼，承担历史的重负，一路风雨霜雪，兀自傲然挺立，不仅直到今天仍然发挥着重要的联通作用，更成为今人凭吊历史、感受沧桑、体会壮美的情感寄托。

有一首歌叫作《北京的桥》，歌颂了北京地区多种多样、瑰丽多彩的桥，歌词写得很美："金鳌玉蝀望北海，十七孔桥连玉带，高梁桥龙王那个把呀把水卖，金水桥皇上挂呀金牌，卢沟桥的狮子呀最奇呀怪，你就数哇数哇数哇，怎么就数不过来……"写出了北京桥梁的历史传说与现实面貌，北海的金鳌玉蝀桥、颐和园昆明湖中的十七孔桥、西直门外的高梁桥、丰台永定河上的卢沟桥等，都是北京地区极具代表性的古桥建筑。其中，形态优美、造型秀丽的十七孔桥、金鳌玉蝀桥已成为皇家园林中不可或缺的构成要素，而气势雄浑、坚实质朴的卢沟桥、高梁桥及琉璃河大桥等，则一直在社会生活中发挥着极为重要的作用。

卢沟桥，又称芦沟桥，是华北地区现存最长、最古老的石造联拱桥，位于北京市丰台区西部，横跨于永定河上。卢沟桥渡口一带，自古以来就是燕蓟地区通往华北平原的重要渡口，是兵家必争之地。根据永定河底出土的唐代铁犀牛和五代石犀牛可知，唐、五代时这里已经建有浮桥或木桥。金朝建都北京以后，这里更成了南方各省进京的必由之路和中都的重要门户。为加强对华北地区的控制，通畅南北交通，金世宗在大定二十八年（1188 年）下旨兴建卢沟桥，第二年开始动工，三年后建成，赐名广利桥，因为永定河古称"芦沟"，所以又称为芦沟桥或卢沟桥。从此，卢沟桥就成为北京通往华北地区的交通枢纽。

卢沟桥

卢沟桥在古人的生活中也有丰富的情感记忆，人们黎明即起，在繁星满天、晓月当空之时，或通过卢沟桥进入都城，或通过卢沟桥走向全国，追逐梦想，展望前途，颇多艰难，颇多未知，融合离别相思之恨、羁旅行役之苦，使卢沟桥不再是一处简单的通行之地，而是梦想与现实、过去与现在的一个绾结点，具有极为丰富的历史文化内涵。

无怪乎自南宋、金、元以来，直到明清时期，那么多的文人骚客反复描绘卢沟晓月的优美意境，吟咏卢沟送别的凄美情怀。比如金朝礼部尚书、翰林学士赵秉文有《卢沟》诗："河分桥柱如瓜蔓，路入都门似犬牙。落日卢沟沟上柳，送人几度出京华。"南宋末年汪元量有《涿州诗》："卢沟桥下水泠泠，落木无边秋正清。牛马乱铺黄帝野，鹰鹯高摩涿州城。柳亭日射旌旗影，花馆风传鼓吹声。归客偶然舒望眼，酒边触景又诗成。"元代陈孚有《卢沟晓月》诗："长桥弯弯抵海鲸，河水不溅永峥嵘。远鸡数声灯火杳，残蟾犹映长庚明。道上征车铎声急，霜花如钱马鬣湿。忽惊沙际影摇金，白鸥飞下黄芦立。"元代许有壬的词《忆秦娥·送牛农师二首》之一中也写到卢沟桥："春山碧。诗成马上应相忆。应相忆。卢沟桥畔，晚云如织。人生有别休多惜。但悲后会知何日。知何日。暮云心绪，断鸿消息。"明代邹缉有《卢沟晓月》诗："河桥残月晓苍苍，照见卢沟野水黄。树入平郊分淡霭，天空断岸隐微光。北趋禁阙神京近，南去征车客路长。多少行人此来往，马蹄踏尽五更霜。"清乾隆皇帝也有多首写卢沟桥的诗，其中之一写道："石梁黑水此鸣鞭，前度回思顿隔年。西指桥山程四日，系予心在岭云边。"这些诗词无一不是通过卢沟桥这一特殊意象，表达念远怀人之情绪，抒写羁旅行役之愁绪。

从建筑的角度来看，卢沟桥是中国古代桥梁建筑的杰作。早在13世纪，意大利人马可·波罗来到中国，在他的《马可·波罗行纪》中对卢沟桥就有详细的记述，对其推崇备至，认为这是世界上无可比拟的最美的一座桥，因此，卢沟桥在欧洲又被称为马可·波罗桥而闻名于世。

卢沟桥为十一孔联拱桥，整个桥身都是石体结构，关键部位均有银锭铁榫连接。桥面用石板铺砌，两旁有石栏、石柱。全桥共有10个桥墩，11个拱洞，279块栏板，281根望柱。桥体基础由数根铁柱打入永定河底的卵石层中，上面穿入巨石连成一体，然后再在上面砌成10个船形桥墩。11个拱洞由两岸向桥中心跨度逐渐增大，拱券的跨径从12.35米增大到13.42米，桥身中央微微突起，坡势平缓。这种造型是适应永定河的水流特点而设计的，永定河发洪水时，水势凶猛，此前经常冲毁堤岸，自从卢沟桥建成后，至今八百多年，保持了惊人的稳定性与稳固性，据专家测量考察，桥基最大沉陷度至今只有0.12米，令人惊叹，多少年洪水肆虐，卢沟桥的桥基从来没有被冲坏过，可见其建筑设计的精巧。

卢沟桥从总体来看，质朴浑厚，沉稳大气，与其交通枢纽的地位极为相称。而每个柱头上都雕刻着不同姿态的狮子，则为其增添了灵动与活力，《马可·波罗行纪》中说它们与卢沟桥“共同构成美丽的奇观”，可见其给当时初到中国的意大利人的冲击和震撼。柱头上的石狮子数量繁多、形态各异，民间有“卢沟桥的石狮子——数不清”的俗语，这一说法起源甚早，明代蒋一葵《长安客话》中就有记载，说石狮子“凡一百状，数之辄隐其一”，可见卢沟桥石狮子的雕刻早已为人关注与喜爱。石狮除少量金代遗存原物之外，多为元、明、清之物，也有新中国成立后补雕的。各个时代的雕刻特色有所不同，金元旧雕身躯瘦长、面部较窄，腿部挺拔，风格朴拙有力；明代雕刻则身躯粗短，足踏绣球或小狮子；清代初期雕刻细腻，卷毛高突，挺胸张口；晚近的作品则雕刻比较粗疏，艺术性稍欠缺。石狮子或蹲或伏，有的母子相抱，有的交头接耳，有的像翘首眺望，有的似倾听水声，可谓千姿百态、惟妙惟肖，各有性格，绝无重复，是中国古代雕刻艺术的杰出体现。石狮子具体数量历代确实也多有变化，据《从海记》记载原有627个，1962年文物部门统计有485个，1979年复查总数为502个。

最初建造于金朝大定二十九年（1189年）的卢沟桥，在明朝正统九年（1444年）曾经重修，明代刘侗、于奕正编著《帝京景物略》记载：“卢沟桥跨卢沟水，金明昌初建，我正统九年修之。桥二百步，石栏列柱头，狮母乳，顾抱负赘，态色相得，数之辄不尽。俗曰：鲁公输班神勒也。桥北而村，数百家。己巳岁，虏焚掠略尽。村头墩堡，循河婉婉，望去如堞。”到清朝康熙年间，由于永定河洪水，桥受损严重，康熙三十七年（1698年）又重修，并在桥东立碑，记述了重修卢沟桥之事。在桥西立“康熙帝题察永定河诗碑”，诗曰：“源从自马邑，溜转入桑干。浑流推浊浪，平野变沙滩。廿载为民害，一时奏效难。岂辞宵旰苦，须治此河安。”乾隆年间重葺卢沟桥，在桥东立“卢沟晓月”碑，桥西立“乾隆修葺卢沟桥碑”。“卢沟晓月”碑正面是乾隆御笔“卢沟晓月”四个大字，背面阴刻乾隆所作之《卢沟晓月》诗：“兰若霜钟断续鸣，卢沟晓月正西横。苍烟淡接平芜迥，曙色才分远水明。傍岸人行闻犬吠，蹙波风动见鱼惊。车驰马骤长安道，何限低徊旅宦情。”

对于近代中国来说，卢沟桥更是一个具有特殊意义的地方。1937年7月7日，日本帝国主义在此发动全面侵华战争，宛平城的中国驻军奋起抵抗，痛击日军，史称“卢沟桥事变”（又称“七七事变”）。中国抗日军队在卢沟桥打响了全面抗战的第一枪。

如今，已有八百多年历史的卢沟桥不再有承担运输等实际用途，而是成为京城的一个重要历史景点，使后人铭记过往、启迪未来。

参考文献

1. 楼庆西. 中国古建筑二十讲. 北京：三联书店，2001.

2. 楼庆西. 中国小品建筑十讲. 北京：三联书店，2004.

3. 王南，胡介中，李路珂，袁琳. 北京古建筑地图. 北京：清华大学出版社，2012.

4. 马晓. 中国古代木楼阁. 北京：中华书局，2007.

5. 北京市地方志编纂委员会. 北京志·世界文化遗产卷·故宫志. 北京：北京出版社，2005.

6. 北京市地方志编纂委员会. 北京志·世界文化遗产卷·长城志. 北京：北京出版社，2008.

7. 胡汉生. 明十三陵. 北京：中国青年出版社，1998.

8. 梁思成. 中国建筑史. 天津：百花文艺出版社，1998.

9. 梁思成. 中国建筑艺术图集. 天津：百花文艺出版社，1999.

10. 刘敦桢. 中国古代建筑史. 北京：中国建筑工业出版社，1984.

11. 萧默. 巍巍帝都：北京历代建筑. 北京：清华大学出版社，2006.

12. 刘毅. 明代帝王陵墓制度研究. 北京：人民出版社，2006.

13. 杨宽. 中国古代都城制度史. 上海：上海人民出版社，2006.

14. 杨宽. 中国古代陵寝制度史. 上海：上海人民出版社，2008.

15. 周维权. 中国古典园林史. 北京：清华大学出版社，1999.

16. 罗哲文. 长城. 北京：清华大学出版社，2008.

17. 景爱. 中国长城史. 上海：上海人民出版社，2006.

18. 孔繁敏. 历代名人咏长城. 北京：北京大学出版社，1990.

第二章　北京名胜与园林文化

一、北京园林概说

歌曲《北京北京》里有一句歌词："我在这里活着，也在这里死去"。在这四九城里，有太多人将一辈子都奉献给了这座城市。如今的北京，俨然一副国际化大都市的模样，来来往往的是来自世界各地的人。可在北京人的心里，她时尚的外衣下永远有一股子精气神儿，不息不灭，那是北京的风骨。现在人们喜欢管北京叫"帝都"，除了首都之意，还有帝王之都的意味。虽说中国早就走过了封建专制时代，但北京这座老城，永远深藏着历史留下的印迹。那享誉世界的紫禁城在这里，那规模宏大的皇家园林在这里，要想感受一个古代帝国曾经的辉煌与迷梦，来北京最合适不过了。

北京是座人文之都，在这座城市，每天、每时、每刻都有话剧、讲座、读书会和各式文艺活动举行着。北京人的生活是惬意的，如果你是个知足常乐的人，那么北京一定不会让你失望，你可以春日在景山赏牡丹，盛夏去北海品荷，周末去香山登山，假日到圆明园游湖……北京的皇家园林，并没有听上去那么触不可及，它们已经完全融入了人们的生活，是北京人不可或缺的生活调剂品。与欣赏江南私家园林不同，在那里你就是去品味江南造园的曲径通幽、怪石嶙峋和精湛造艺的，但是去圆明园、颐和园和香山的人，都更多地把它们当成了休闲度假的地方。

北京的皇家园林，是广博而雄壮的，体现着浓郁的皇家气派，包容、接纳着往来的游客。来北京旅游过的人一定知道圆明园和颐和园，它们是北京皇家园林的代表，属于“三山五园”的一部分。北京的皇家园林以“三山五园”最为著名，它们是从清代康熙年间至乾隆年间陆续修建起来的，是北京西郊一带皇家行宫苑囿的总称。其中，三山指的是香山、玉泉山和万寿山，五园是指在这三座山上分别建的静宜园、静明园、清漪园（颐和园），还有附近的畅春园和圆明园。

刘洪宽《三山五园图》局部（香山寺）

所以说，若要看中国的园林，除了江南私家园林之外，北京皇家园林也绝不能错过，因为它在整体的气质和规模上与江南私家园林呈现出完全不同的风格。雄伟博大、富丽堂皇是北京皇家园林的独有特点，如今它们默默地守护着这座老城，对于百姓来说，更具有公园的性质。北京的园林如同这座充满故事的城市一样，有着傲人的历史，是中国园林史上璀璨辉煌的一页，是世界上无可取代的文化瑰宝。

而北京的私家园林亦自成一格，艺术风格也受到皇家园林的影响，多带有北方的沉雄意味。北京文人墨客、贵戚官僚云集，民间造园活动也以他们为主流。园林的内容，有的保持着士流园林的传统特色，有的则更多地着以显宦、贵族的华靡色彩。譬如大家比较熟悉的恭王府，曾是乾隆年间大学士和珅的邸宅，有着“一座恭王府，半部清朝史”的美誉。另外，北京西北郊（今海淀一带）也是私家园林的聚集之地，其中最负盛名的就是清华园和勺园了，它们一个豪华炫丽，一个雅致简远，宛如北京西郊一带的两颗明珠。

二、北京园林的文化内涵

（一）以行宫御园和离宫御苑为重点

自辽代以来，金、元、明、清各朝代都曾在北京西郊建造大规模的皇家园林和府邸宅院。北京现存的皇家园林遗址主要是清代帝王在前朝基础上修建的皇家园林，它们代表着中国古典园林发展史上的一个高峰。

从皇家园林的使用情况来看，主要有大内御苑、行宫御园、离宫御苑三种类型。大内御苑是指建在首都的宫城和皇城之内的园林，紧邻皇帝居所，便于皇帝日常游憩，如慈宁宫花园；行宫御园和离宫御苑则建在城郊，选址风景优美，其中行宫御园供皇帝偶一游憩或短期驻跸之用，如静明园和静宜园；而离宫御苑则作为皇帝长期居住、处理朝政的宫苑，相当于一处与大内相联系的政治中心，如圆明园和颐和园。

清朝的皇家园林修建以行宫御园和离宫御苑为主，著名的“三山五园”都属于行宫御园和离宫御苑。清王朝入关定都北京后，宫殿、天坛等皇家建筑全部沿用明代以来的布局，直至康熙中叶，才逐渐兴起一个皇家园林的建设高潮，至乾隆、嘉庆年间，终于达到全盛局面。

皇家园林建设的重点逐渐转向西北郊的行宫御园和离宫御苑，与清王朝统治者的自身原因是分不开的。清朝统治者来自关外，定都北京后，并不习惯这里的炎暑气候。据记载，顺治年间朝廷已有择地另建避暑山庄之意。此外，清朝统治者自祖先伊始，便习惯于驰骋草原，惬意于骑马射雕的潇洒生活，不乐于像明朝帝王那般深锁于宫苑之中，希望能将宫苑建在山水秀美、幅员开阔的郊野之地。因此，行宫御园和离宫御苑的修建只是早晚之事。由于清初开国伊始，百废待兴，国家财力有限，又有明朝奢靡亡国之鉴，不可能马上付诸实施。康熙中叶，平三藩，收台湾，全国统一，正是国力强大之时，再加上康熙帝亲征朔漠，善治蒙古，北京西北郊解除了蒙古部族的军事威胁，塞外环境也相对稳定，因此修建“避喧听政”的宫苑便被提上了日程。

北京西北郊山清水秀，西山层峦叠嶂，似臂环绕，湖泊罗布，泉水丰沛，远山近水彼此交融，相映生辉，似有江南秀山绿水的优美风韵，是北方所不多见的自然风光，亦是修建皇家园林的风水宝地。清朝鼎盛时期，北京西北郊海淀以北的东西二十里内，皇家御苑及王公大臣赐园、宅院连绵不绝，出现了空前的盛况。

（二）能不忆江南——江南造园艺术之借鉴

明清之际，江南造园技艺已发展得极为成熟，不仅技巧精湛、格调雅致，而且充满浓郁的诗情画意，崇尚自然，巧于因借，名作层出，是我国古代园林史上的一个高峰。江南私家园林纯熟的造园技艺早已受到北方皇室、贵戚的青睐，向江南取法造园技艺或是模仿江南意蕴的倾向也初见端倪。北京西北郊海淀以北的自然风光恰有南方的韵味，于是当时的官僚贵戚们便掀起了一阵造园热，纷纷在这里占地造园，其中不少有意识地模拟江南水乡的园林风貌。到了清初，皇家御苑已开始引进江南园林艺术，到乾隆时期，对江南造园技艺的吸收可谓既广又全。

乾隆皇帝对江南的情有独钟是众所周知的，六下江南的轶事更是在民间传为美谈。在第六次南巡之后，乾隆皇帝曾写下“六度南巡止，他年梦寐游”的诗句来抒发他对江南的喜爱与怀恋。乾隆南巡的足迹遍及江南园林荟萃之地，对于江南私家园林之美妙精工简直流连忘返、赞不绝口。只可惜，皇帝也有求而不得的事，虽说“普天之下莫非王土”，但园林可不是想带就能带走的，除了几块巧石奇峰外，总无法将整座园林搬入北京。既然搬不走，不如在北京模拟修建一座。于是，乾隆皇帝便命随行的画师将中意的园林摹绘成粉本，“携图以归”，作为皇家建园的参考。这一举动可以说在无意之间引进了大量的江南造园技艺，使南北方的园林艺术得到前所未有的融合，不仅丰富了北方造园的内容，而且使当时宫廷造园的技术水平迅速得到提高。

北京皇家园林对江南造园技艺的吸收是多方面的。首先，是对江南造园手法技艺的学习。在保持北方传统建筑风貌的基础上，大量使用游廊、水廊、爬山廊、拱桥、平桥、舫、榭、漏窗、洞门等江南常见的建筑形式，或是用北方的青石和北太湖石，以南方堆叠假山的手法进行细部、小品等的构造。为了更具有江南风味，甚至还依据北方的自然条件，对南方花木进行驯化。

其次，是对江南名园的模仿。不过这种模仿并非生搬硬套，而是讲究神韵的契合。况且，南北方的自然环境和气候条件迥然不同，若想一模一样地复制名园根本不可能，反会“画虎不成反类犬”。不过，好在乾隆帝是真正懂得园林艺术之人，用他的话说，这种“模仿”是“略施其意，就其自然之势，不舍己之所长”。就是这种只求神似而不拘泥于形式的思路，才使得北京皇家园林的修建成为一种艺术的再创造。像北京圆明园内的安澜园就是仿浙江海宁陈氏园，长春园内的茹园则是仿江宁瞻园，其中最出色的要属清漪园内仿无锡寄畅园的惠山园。

由于圆明园内的安澜园是仿海宁陈氏园而建成的，所以人们又叫它海宁陈氏园，在当年还真有些别样的风韵。而浙江的海宁陈氏园之所以被乾隆赐名“安澜园”也有一段来历。一种说法是和乾隆的身世相关，传说乾隆本是海宁陈邦直的儿子，陈家世代为官，与皇家关系相当密切。雍正未登基以前，福晋生了一个女孩。恰巧在同一天同一个时辰，大学士陈邦直的夫人生了一个男孩。雍正打发太监过陈府去，把男孩抱来看看，可送回去的时候，却是个女孩子。雍正的调包之计让陈邦直夫妇又惊又怕，但也不敢声张。雍正即位以后，陈邦直怕在朝惹出是非，便告老还乡，回到海宁。世间没有不透风的墙，乾隆当了皇帝后也听到了一些传闻，说他是陈家之子。他几次下江南，目的之一就是暗暗私访。乾隆觉得陈家老少对他特别殷勤亲切，尤其是陈邦直夫妇，好像有一种骨肉之情。因为这层隐秘的关系，乾隆更加留恋这个地方，他不仅下旨把陈氏"偶园"改为"安澜园"，还亲题了匾额。

另一种说法是，当时乾隆皇帝第三次下江南，是为了治理海宁频繁告警的潮患。严重的潮患直接威胁到江南地区的安危，而朝野对海塘工程的开展颇有分歧，所以乾隆决定亲临勘视。乾隆心中牵系着海塘的安危，多次亲下谕旨督促海塘工程的开展。一日凌晨，乾隆睡梦中被隆隆的夜潮声惊起，有《睡醒》一律："睡醒恰三更，喧闻万马声。潮来势如此，海宴念徒萦"。他在园中小转，觉得这景致倒比京城多了几分清雅，不免心中喜欢。当日，他又巡视了尖山一带的海塘和石坝，此处石坝特别坚实牢固，令他感到些许欣慰。两日来的所见所思令他心潮起伏，当即命人拿来笔墨，挥就"安澜园"三个大字，即海潮安澜之意。回到皇宫后的乾隆常常思念安澜园，于是下令把圆明园福海北岸山峦里的一组漂亮雅致的建筑——"四宜书屋"按照安澜园的样子重修，修好后就改名叫"安澜园"。

除了模仿江南名园外，再现江南园林中的著名景观也是常用的手法。清代皇家园林规模宏大，圆明园有四十景、静宜园有二十八景之说，很多处"景"其实就是江南园林某些主题的再现，这对扩大和丰富皇家园林的造景内容起到了很大的作用。譬如颐和园的西堤、谐趣园，圆明园的曲院风荷、平湖秋月，都是取自江南著名风景的创意。

圆明园四十景图之四宜书屋

颐和园的名景之一“西堤六桥”，借鉴的是杭州西湖的苏堤。西湖的苏堤上有六座桥，于是颐和园的西堤上也建了六座桥亭，从北向南依次为界湖桥、豳风桥、玉带桥、镜桥、练桥、柳桥，式样不同，风姿各异。在练桥和柳桥之间，有一座景明楼，名字来自范仲淹的名篇《岳阳楼记》中的一句“春和景明，波澜不惊”。此外，西湖苏堤沿岸的青青柳树也被复制到了昆明湖的西堤，时至今日，还有十九株当年栽种的柳树依然在西堤轻轻摇曳着。西堤沿岸遍植桃柳，春来柳绿桃红，故而又有“北国江南”之称。

颐和园西堤美景

西堤虽是当年乾隆皇帝仿西湖苏堤而建，但绝不是全然照搬。苏堤的修建，当年更注重的是水利的建设，而西堤作为清漪园整体园林建设中的一部分，修建时更注重的是景观。如果说昆明湖北岸万寿山的佛香阁代表的是皇家气派，那么西堤就是小桥流水人家的百姓情趣。帝王久居皇宫内院，往往被繁缛礼节搞得疲惫不堪，于是便更加向往百姓人家的小情小意、平凡之乐。因此，西堤就如一处静静伫立在此的港湾，让人放松绷紧的神经。欣赏西堤的景色是需要品的，品四季独韵：春花、夏荷、秋柳、冬枝；品四时更替：朝霞、午雪、夕阳、夜月；品四候变化：风桥、雨湖、雪亭、雾船；品四景风情：湖光、山色、塔影、桥韵……这景致可谓一年四季，季季不同。

颐和园的长岛“小西泠”一带，借鉴的是扬州瘦西湖“四桥烟雨”的构思。扬州的四桥烟雨楼位于瘦西湖的东岸，与小金山隔湖相望。此楼面西，两层三楹，四面有廊。昔日登临其上，可南观虹桥、北望长春桥、西见春波桥、再西可眺望莲花桥，故名“四桥烟雨”。这四座桥色彩有别、造型各异，凭栏远眺：大虹桥似卧虹跨水，春波桥有波光潋滟，长春桥盎然春意，五亭桥若莲花绽放。酷爱游山玩水的乾隆皇帝到此龙颜大悦，赐名“趣园”，并题七言律诗一首：“多有名园绿水滨，清游不事羽林纷。何曾日涉原成趣，恰值云开亦觉欣。得句便前无系恋，遇花且止足芳芬。问予喜处诚奚托，宜雨宜旸利种耘。”乾隆回到北京，对于“四桥烟雨”念念不忘，于是小西泠的建造，就有模仿“四桥烟雨”之构思，自然也最适合于烟雨朦胧之际观赏，雨帘烟幕之中，忽隐忽现，仿佛化入仙境，游人宛若在梦幻之中飘飞，如痴如醉。

（三）人间天上诸景备——瑶台仙境的理想追寻

现实世界总有悲欢离合、阴晴圆缺，因此，人自古就有对理想世界的向往，追寻“极乐世界”或是“理想国”，这是一种很自然又自觉的现象。早在三千年前，古人就将这种理想与园林建造联系了起来。在《楚辞·天问》中曾提到神话中的“悬圃”，是神仙所居之处。而“圃”这个词，则始于商代末年，最初指的是圈养禽兽、种植刍秣，是供帝王和奴隶主狩猎用的场地，一般都利用自然的山峦谷地围筑而成，面积很大，可以说是古代园林的起源。《穆天子传》中西王母的居所“瑶池”，其实也就是神仙所居住的天上园林。据《穆天子传》所载：“（西王母）所居宫阙，层城千里，玉楼十二。琼华之阙，光碧之堂。九层玄室，紫翠丹房。左带瑶池，右环翠水。其山之下，弱水九重，洪涛万丈，非飚车羽轮不可到也。所谓玉阙暨天，绿台承霄，青琳之宇，朱紫之房，连琳彩帐，明月四朗。戴华胜，佩虎章。左侍仙女，右侍羽童。轩砌之下，植以白环之树，丹刚之林。空青万条，瑶干千寻。无风而神籁自韵，琅然九奏八会之音也。”

而《楚辞》中提到的悬圃就在昆仑山，相传是黄帝在下界所建的宫城，里面除了有华丽宫阙之外，还广植树木花卉，“春山之泽，水清出泉，温和无风，飞鸟百兽之所饮食”。它的位置极其高峻，好像悬挂在半空中。这些都是祖先对于理想世界的美好向往，而其样貌则是园林的雏形。

可以说，园林是人们寄希望和理想于现实的载体。从原始时代的神话到封建社会帝王的宫苑体系都可以看出，园林建造设计、情景主题创作都寄托了人们对于理想世界的向往，具有浓郁的象征意味。自秦朝开始，封建专制制度建立，皇权至高无上，皇帝作为“天子”，是沟通天、人的唯一代表。秦始皇建阿房宫，使天上的星宿与其宫室对应，不仅是对上天的崇拜，也是对天国的理想追求。这种观念随着封建制度的发展而日益成熟，到了清代特别是雍正、乾隆时期，封建专制达到顶峰，皇家御苑的建设更要体现天人感应、皇权至尊等理念。只不过，随着历史的发展，那种纯粹追求天国仙境、长生不死的帝王愈来愈少，转而重视现实胜境和人间仙境的修建。特别是被称作万园之园的圆明园，其中既有“武陵春色”，又有“蓬岛瑶台”；既有“洞天深处”，又有“方壶胜境”；既有“月底云居”，又有“日天琳宇”，其景色宛如人间仙境，又胜似天国福地。

维克多·雨果在《给巴特勒上尉复信》中曾如此描绘圆明园：“请您想象有一座言语无法形容的建筑，某种恍若月宫的建筑，这就是圆明园。请您用大理石、用玉石、用青铜、用瓷器建造一个梦，用雪松做它的屋架，给它上上下下缀满宝石，披上绸缎。这儿盖神殿，那儿建后宫、造城楼，里面放上神像，放上异兽，饰以琉璃，饰以珐琅，饰以黄金，施以脂粉。请同是诗人的建筑师建造一千零一夜的一千零一个梦，再添上一座座花园，一方方水池，一眼眼喷泉，加上成群的天鹅、朱鹭和孔雀。总而言之，请您假设人类幻想的某种令人眼花缭乱的洞府，其外貌是神庙，是宫殿，其实是一个世间独一无二的奇迹，那就是这座名园。”

比如圆明园中的“武陵春色”是圆明园四十景之一，始建于康熙末年，雍正时名“桃花坞”，乾隆时改名“武陵春色”并做了增建。

“武陵春色”建于一个近 70 亩地的岛上，以陶渊明的《桃花源记》为意境建造，乾隆取武陵人误闯桃花源之典命名，实有把这里建成世外桃源的意思。此岛四面青山环抱，山外小河环绕。小溪边上有一个与世隔绝的小村落，这就是《桃花源记》中所说的世外桃源。村落的北半部坐落在北边隐蔽的山坳里，有“桃源深处”“品诗堂”“桃花坞”“绾春轩”等殿宇。

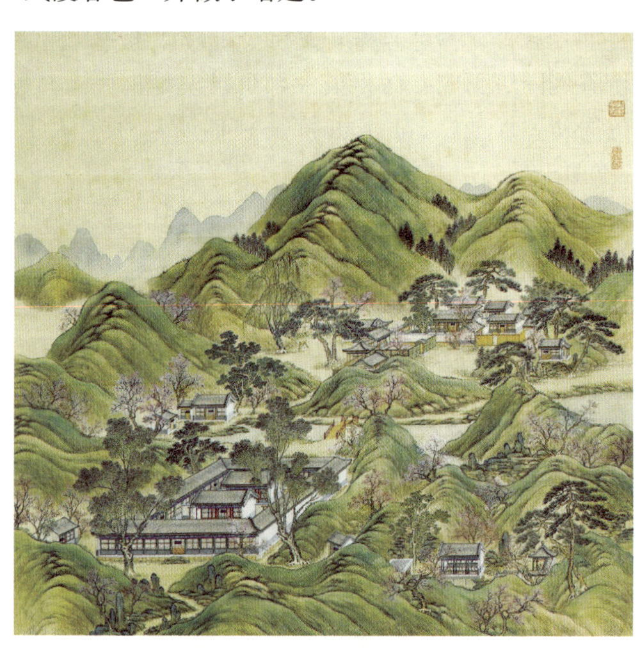
圆明园四十景图之武陵春色

在“武陵春色”东南部的山中有一条小河叫作桃花

溪，由青石架起的桃源洞横跨于桃花溪上。桃源洞没有按《桃花源记》中仅能让一人通过的小洞来设计，因为这是御园，怎能让贵为天子的皇帝“舍船从口入”呢？于是设计师煞费苦心，将洞口扩大使得小舟可穿洞而过。人们划着小舟，沿着落英缤纷的桃花溪向西逆流而上，穿过桃源洞，继续沿着小溪穿过山谷，便到了“世外桃源”。弃舟登岸，步入山中村落，就能体味诗人所描绘的桃源意境了。据说，当年这一带的山间、溪畔均种有上万株山桃树，山上山下不时点缀着高大的青松和湖石。每到阳春三月桃花盛开之时，景色极美。正如乾隆在《武陵春色》诗序中所说：“落英缤纷，浮出水面。或朝曦夕阳，光炫绮树，酣雪烘霞，莫可名状。”

除了“武陵春色”外，“方壶胜境”作为圆明园四十景之一，更让人神往。它基本建成于乾隆三年（1738 年），位于“四宜书屋”的东面，是后代众多学者公认的圆明园中最为宏伟美丽的建筑，简直就是现实中的仙山楼阁。

圆明园四十景图之方壶胜境

从乾隆皇帝给“方壶胜境”的题诗中就可以窥见一二：

海上三神山，舟到风辄引去，徒妄语耳。要知金银为宫阙，亦何异人寰？即境即仙，自在我室，何事远求？此方壶所为寓名也。东为蕊珠宫，西则三潭印月，净渌空明，又辟一胜境矣。

飞观图云镜水涵，拏空松柏与天参。高冈翔羽鸣应六，曲渚寒蟾印有三。
鲁匠营心非美事，齐人搤掔只虚谈。争如茅土仙人宅，十二金堂比不惭。

（摘自《四十景对题诗》）

“方壶胜境”的前部有三座重檐大亭，布局呈一个“山”字形伸到湖水中；中后部分由九座楼阁组成，其中供奉着 2 000 多尊佛像，有 30 余座佛塔，极为恢弘壮丽，宛若一片仙山琼阁，而它的主题阁楼实际上是一座寺庙建筑。

“方壶胜境”指的是东海仙山之一方壶，它和瀛洲、蓬莱并称为东海仙山（后来又添了岱舆、员峤）。人们自古对于神仙和神仙居所都有美好丰富的幻想，无论是民间百姓还是皇帝，都有追求长生、远离苦难的愿望，因此仙苑胜境的建造也历代不绝。汉代曾建造了具有完整三仙山的仙苑式皇家园林，即建章宫。自建章宫开始，“一池三山”便成了皇家园林的经典模式，一直沿袭到清代，而“方壶胜境”也是在这种模式上建成的。遗憾的是，整个“方壶胜境”于 1860 年 10 月被英法联军劫掠后焚毁，我们现在只能从《圆明园四十景图》等书画资料中看到这仙境般的琼楼玉宇了。

此外，还有颐和园中的龙王庙、北海公园中的琼华岛、中南海的瀛台等景观，无一不体现了地上仙境的创造。这些人间仙境的建造让人们脑海中的想象得以落实，尽管古代社会只有皇亲国戚才能欣赏，但如今人人都可以在这样的美景中徜徉、流连了。

（四）不睹皇居壮，安知天子尊——巨丽崇高之美

著名社会学家费孝通先生在面对多文化差异之时，曾总结了十六字箴言：各美其美，美人之美，美美与共，天下大同。中国地大物博，南北方由于地理、人文、政治、经济等因素，也存在着很大的文化差异。林语堂先生在《南方与北方》一文中指出：“所谓‘中国人民’，在吾人心中，不过为一笼统的抽象观念。撇开文化的统一性不讲——文化是把中国人民结合为一个民族整体之基本要素。南方中国人民在其脾气上、体格上、习惯上，大抵异于北方人民，适如欧洲地中海沿岸居民之异于诺尔曼民族。”这种差异当然也体现在园林的建造中。以北京为代表的北方皇家园林系统及北方某些宅园，和以苏州为代表的江南园林系统有着迥然不同的艺术风格，可以说是各美其美。但是南北方的造园艺术在历史发展

进程中也得到了相当大的融合，二者互相促进，美美与共，共同构成了中国古典园林的大美自然。

北京皇家园林之崇高壮阔，主要体现在面积的广大上。若说江南园林是小巧，那么北京的皇家园林就是壮美。建造面积的广袤性使得北京皇家园林从气势上便具有崇高之感。对于规模宏大的事物，中国人常用“壮观”一词来形容，若要借用西方的美学术语来说，便是“崇高”。古罗马时期，特别讲究艺术的崇高性，认为这种崇高是“伟大心灵的回声”。在中国的传统美学中，崇高或壮美常用“大”来表述。

就北京的皇家园林而言，北海有 1 000 余亩，颐和园有 4 300 余亩，圆明三园有 5 200 余亩……面积的广袤壮阔是最直观的事实，也会给人最震撼的感受。难怪英国人马戛尔尼略窥圆明园，就惊叹于“东方雄主之尊严”，油然而生一种崇高景仰之感。

那么，除了这面积的广袤性以外，还有什么能够给人以崇高感呢？那必定是皇家园林的规模之巨大了。北京皇家园林不仅山大、水多，而且建筑物繁多，体量大。例如颐和园，就囊括了整个万寿山、昆明湖，其中宫殿园林建筑有3 000余间，可见其规模之大。圆明园全盛之时，包括万春园、长春园，以数量众多的山水分割、围合了一百多个独具特色的景区，建筑总面积达 15 万平方米。乾隆五十八年（1793 年），英使马戛尔尼首次来华，游览圆明园并记述此事。刘半农的译本名为《乾隆英使觐见记》，其中记载：“周大人导我游圆明园。此园为皇帝游憩之所，周长十八英里。入园之后，每抵一处必换一番景色。与吾一路所见之中国乡村风物大不相同。盖至此而东方雄主尊严之实况，始为吾窥见一二也。园中花木池沼，以至亭台楼榭，多至不可胜数。”

其实，皇家园林巨丽崇高之风格的形成有自身的历史传统。司马相如在《上林赋》中说道：“君未睹夫巨丽也，独不闻天子之上林乎。”写的便是汉武帝时期上林苑的宏大规模。根据班固《西都赋》和扬雄《羽猎赋》等文献的记载，上林苑的规模，以现今的区域度量，应是地跨蓝田、长安、户县、周至、兴平五个县（市）和西安、咸阳的两个市区，实际面积约为 2 460 平方千米。这样宏大的规模，是中国历代王朝的皇家园林所无法超越的。此外，三国时期何晏在赞美曹魏宫殿的建筑艺术时，也曾写道：“不壮不丽，不足以一民而重威灵。不饰不美，不足以训后而永厥成……文以朱绿，饰以碧丹。点以银黄，烁以琅玕。光明熠爚，文彩璘班。清风萃而成响，朝日曜而增鲜。”（《景福殿赋》）由此可见，雄伟壮丽、规模宏大是皇家宫苑建造的风格传统。无论是文学还是史料，这些记载都深深影响着后世皇家宫廷御苑的设计和建造。正如初唐四杰之一骆宾王在《帝京篇》中所写的："山河千里国，城阙九重门。不睹皇居壮，安知天子尊。"经过历代传承，皇家园林崇高壮丽的风格特点就这样被固定了下来，到明清时，皇家园林的这一特点被更加凸显和张扬。

（五）朱栏画栋金泥幕——浓丽绚烂之彩

如果以花来比喻园林，那么，北京的皇家园林一定是"唯有牡丹真国色，花开时节动京城"，而江南私家园林则是"清水出芙蓉，天然去雕饰"。它们一个浓抹，一个淡妆，南北相隔，难争高下。

北京皇家园林的浓烈色彩首先就体现在建筑物的题名上。北海园林中各处景观的题名真是让人目不暇接，有金鳌玉蝀桥、"积翠"及"堆云"牌坊、琼华岛、琳光殿、紫翠房、环碧楼、宝积楼、五龙亭、九龙壁、大琉璃宝殿……光看名字，就生出一种珠光宝气、五光十色之感，让人眼花缭乱，足以显现出皇家的奢华气派之美。

但是，最让人觉得富丽堂皇的可不是题名，而是建筑物的外观、装饰，以及内部敷彩和陈设。北海天王殿后面的琉璃阁是发券式无梁殿结构，壁上嵌满琉璃佛像，光彩夺目。天王殿西侧，有座用 424 块七色琉璃砖砌成的九龙壁，建于清乾隆二十一年（1756 年），为国内三座著名的九龙壁中最精美的一座（其他两座一座在北京故宫，另一座在山西大同）。

北海九龙壁

北京“三山五园”之一的颐和园更是富丽华美的典范之作。颐和园的长廊是著名的旅游景点之一，因为它不是一条普通的长廊，而是一条五光十色、内容丰富的画廊。廊间的每根枋梁上都绘有彩画，共 14 000 余幅，色彩鲜明，绚丽夺目。这些彩画的内容多为山水、花鸟图，还有中国古典四大名著（《红楼梦》《西游记》《三国演义》《水浒传》）、历代神话传说、民间故事中的情节。画师们将中华民族数千年的历史文化浓缩在这长长的廊柱之间，其中许多风景画都仿自江南山水，是画师们根据乾隆的意图绘制的。

颐和园长廊

传说这长廊是乾隆为其母妃观赏昆明湖的雨景和雪景而建造的。为了让母妃游园时既不受雨雪日晒之苦，又能饱览昆明湖的雨景、雪景，乾隆便在万寿山和昆明湖交界的岸边设计、修建了一条长长的游廊。乾隆的母妃就是孝圣宪皇后，后世演绎她人生传奇的作品有很多，最有名的要数《还珠格格》里的老佛爷和《甄嬛传》了。据说孝圣宪皇后特别喜欢听故事，经常在长廊中一边游览，一边让宫女给她讲故事听。时间一长，宫女们的故事讲完了，以前讲过的也记不清了，这可难坏了宫女们。后来，她们想出了一个好办法：请人将故事内容画在长廊两侧的梁枋上。故事越讲越多，梁枋上的人物故事彩画也越来越丰富。

虽然传说真假参半，但却给长廊增添了一份浪漫的色彩。颐和园的长廊总长700多米，共273间，沿昆明湖建造，游客可以一边猜着画中的典故，一边饱览颐和园的青山绿水。

受皇家园林浓丽色调的影响，北京的私家府邸园林也多沿袭此风。北京东城区礼士胡同现存的刘墉宅院，其门窗枋柱也都显示出朱碧色彩的强烈对比。由于北方气候寒冷，因而园林建造宜于强烈浓重的颜色；而南方气候温暖湿润，园林宜于柔和素淡的色调。从建筑总体上看，苏州园林既不用彩饰，又不尚雕饰，典型地体现了清新素朴的美。整个江南园林系统，主要倾向于这种淡雅美的风格。因此，就园林的风格色调来比较，如果说北京皇家园林是一曲繁复宏丽的大型交响乐，那么，江南园林则是一曲朴素恬淡的短小牧歌。

三、北京的皇家园林

北京的皇家园林主要指清朝皇帝在位期间，在前朝的遗迹、废址上修缮或重新建造的一系列皇家园林。它们是经历了清朝的繁盛、衰败和近代战乱的损毁，仍遗留下来的文化遗产。在漫漫历史长河中，清代乾隆、嘉庆两朝的皇家园林建造，代表着中国古典园林后期发展史上的高峰。北京皇家建园的规模之庞大，内容之丰富，是中国历史上罕见的。在乾隆时期北京的西北郊，一个庞大的皇家园林群体已经形成，圆明园、畅春园、香山静宜园、玉泉山静明园、万寿山清漪园就是著名的“三山五园”。其中最大的圆明园占地500余公顷，最小的静明园也有65公顷。它们都是由乾隆皇帝亲自主持修建或扩建的，代表着中国宫廷造园艺术的精华。这不仅是一个巨大的“园林之海”，也是世界罕见的皇家园林集群。

（一）“仙境香山，静宜之园”——园林小记之静宜园

静宜园坐落于北京西北郊的香山上，名字取“山以仁为德，秋惟静与宜”之意，是清代的一座行宫御园，主要为清代皇帝酷夏避暑之用。

早在八百多年前的金朝，世宗完颜雍就曾于大定二十六年（1186年）在这里修建了香山寺和行宫。明代又陆续修建了不少寺庙，不过仍以香山寺最为宏丽。到清代康熙年间，已将香山寺及其附近景区扩建成了“香山行宫”。对园林艺术深度沉迷的乾隆皇帝更是不会错过修建“香山行宫”的机会，在他的大力修葺下，不仅增添了许多华丽的殿宇、管坊，还营造了名噪一时的香山“二十八景”，并在外部加筑了一道虎皮石围墙，改名“静宜园”，这段时期是香山作为皇

静宜园勤政殿

家园林的鼎盛时期。

静宜园于乾隆十一年（1746 年）扩建后，面积达到 140 公顷。全园分为三部分：内垣、外垣、别垣。内垣中云集了不少著名景点，宫廷区及古刹香山寺、洪光寺两座大型寺庙都在这里，其中最热门的还要数深秋时节的西山红叶，人多时简直摩肩接踵，好不热闹。外垣是香山的高山区，面积广阔，为欣赏自然风光的最佳处。别垣是在静宜园北部的一区，有昭庙和正凝堂两组建筑。在“三山五园”中，香山静宜园是一座地势最高，宫殿寺庙林立，又最具自然幽趣的皇家园林。

但遗憾的是，美丽的静宜园没能逃过英法联军和八国联军的焚掠、践踏，原有的建筑物除见心斋和昭庙外，都已荡然无存。辛亥革命后至新中国成立前几十年间，各色人等占用名胜古迹以作私用，更使得一代名园面目全非。新中国成立后，政府对静宜园加以保护、修整，恢复旧观，扩建为香山公园。如今的香山静宜园，山林秀美，泉水清澈，美景引人入胜。静宜园的四时之景不同，游人游赏其中，乐亦无穷也。

(二)“全画潇湘一幅，楚人错认还家”——园林小记之静明园

山不在高，有景则名。静明园自元、明以来，一度是京郊颇有名气的游览胜地。它位于山形秀丽的玉泉山内，占地 75 公顷，其中水面就有 13 公顷，以泉水丰沛著称。

静明园

玉泉山属西山东麓支脉，山势嵯峨，流泉密布。玉泉山尤以泉水著称，因泉水晶莹如玉，故名玉泉。因为泉水著名，所以传说颇多，有的说清代皇宫里的水，都由这里供给的；也有的传燕王朱棣在北京建都之前，这里曾是龙王的领地……尽管传说玄而又玄，但实际上正是因为玉泉水给人们带来了很多益处，所以人们才喜欢从不同角度推崇传颂，让玉泉水更加令人神往。北方不像南方多雨多水，因此对丰沛的泉水更加珍惜。园林景色的曼妙没有水是绝对呈现不出来的。所以，玉泉山的水便具有了更多的功用，不仅能供皇宫饮水使用，而且是北京各大名园的“生命之泉”。

静明园的历史并不比静宜园短。早在 12 世纪的金代，金章宗完颜璟就曾在这里建避暑之所“芙蓉殿”，作为行宫建置。后来，清代的康熙皇帝将玉泉山辟为行宫，名“澄心园”，又于康熙三十一年（1692 年）改名为“静明园”。乾隆皇帝紧跟祖父的脚步，于乾隆十五年（1750 年）开始对静明园再次大加修葺，增建了玉峰塔等景观。乾隆似乎很喜欢创作“园林系列名景专题”，继营造了

“香山静宜园二十八景”后，又在玉泉山命名了“静明园十六景”。著名的“燕京八景”之一——“玉泉垂虹”便是其中一景，又称为“玉泉趵突”。“玉泉趵突”这四个字由乾隆帝御笔题写，并刻立石碑。乾隆五十七年（1792 年）又对全园进行了一次大修，这是玉泉山风景的全盛时期。

同样令人遗憾的是，这些辉煌的艺术建筑，大都毁于外国侵略者的肆意掠夺。直到新中国成立后才修复了一些建筑物，使静宜园大体保持了原有的园林特色，不失为一座相对完整的行宫御园。如今游览玉泉山还另有妙趣，那便是观赏古树，金、元以来的苍柏、古桧，夏天浓荫四覆，大树可遮亩地，在城内园林中难得一见。

（三）“京师第一名园”——园林小记之畅春园

畅春园位于北京市海淀区，北京大学西门以西的位置。畅春园的性质颇为复杂，因为它是康熙皇帝在明代私家园林——清华园的基础上修建而成的，翻修后成为清代的一座皇家园林。

畅春园的前身清华园，是由明神宗的外祖父李伟修建的。李伟是皇亲国戚，经营此园可谓下足了血本。根据明朝笔记史料推测，该园占地 1 200 亩左右，其占地之广，无疑可称当时之最，因此有“京师第一名园”之美称。后来康熙皇帝选择在其旧址上扩建，恐怕并非偶然，而是因为它的规模和布局能够满足皇家离宫御苑的修建需求。

畅春园是康熙南巡归来后开始修建的。康熙二十三年（1684 年），康熙皇帝首次南巡，江南精致细巧的园林和青秀的山水风景给他留下了深刻的印象。回京后，他立即下令在清华园的废址上，修建这座大型的山水园林。由江南籍山水画家叶洮参与规划，并延聘江南叠山名家张然主持叠山工程。受南巡影响，畅春园全面地引进了江南造园艺术，这也算是明清首例。畅春园的造园风格也影响了之后落成的避暑山庄和圆明园（乾隆扩建之前）等皇家宫苑。畅春园最迟于康熙二十六年（1687 年）竣工，自落成之后，康熙帝每年约有一半的时间都在园内居住，使畅春园成为名副其实的离宫御苑。可以说，畅春园是明清以来第一个真正作为皇帝长期居住，“避喧听政”的离宫御苑。从此以后，清代历朝皇帝园居遂成惯例。

咸丰十年（1860 年），英法联军攻入北京，焚烧圆明园时将畅春园一并烧毁。此后畅春园废址失于保护，园内残存建筑在同治年间又被拆用于圆明园复建工程。光绪二十六年（1900 年）八国联军占领北京时，畅春园再次遭到附近居民及八旗驻军的洗劫，园内树木山石均被私分殆尽。至民国时期，畅春园遗址已成荒野，仅有恩佑寺及恩慕寺两座琉璃山门残存。如今，畅春园遗址范围内有北达资源中学和北京大学教工宿舍住宅区，以及北京大学畅春新园宿舍区。

畅春园恩佑寺及恩慕寺山门

（四）“东方的凡尔赛宫”——园林小记之圆明园

如果你读过雨果的《就英法联军远征中国致巴特勒上尉的信》，那你一定能够想象圆明园这个东方奇迹是如何惊异于世界的。“在世界的某个角落，有一个世界奇迹，这个奇迹叫圆明园。艺术有两个来源，一是理想，理想产生欧洲艺术；一是幻想，幻想产生东方艺术。圆明园在幻想艺术中的地位就如同巴特农神庙在理想艺术中的地位。一个几乎是超人的民族的想象力所能产生的成就尽在于此。”

圆明园位于北京西郊海淀一带，由圆明园、长春园和万春园组成，也叫圆明三园。圆明园是中国古代园林艺术的精华，在风格上既有皇家园林的威严雄壮，又有江南园林的雅致婉约，更兼具当时欧洲宫殿的华丽繁复，是中国古典园林艺术的最高峰，被誉为“万园之园”。

圆明园规模之大令人惊叹，它拥有 100 多组景观、将近 1 000 座宫殿，占地

5 000 多亩。它的设计既蕴含了中国传统文化积淀了几千年的审美情趣，又融合了西方园林的艺术精华与特色。

圆明园

其实，圆明园最初规模并未至此，在成为皇家园林之前，它是康熙皇帝赐给皇四子胤禛居住的花园，并亲题“圆明园”三字匾牌，悬挂在圆明殿的门上方。后来继位为雍正帝的胤禛对“圆明”之意做了解释，这二字出自《中庸》：“圆而入神，君子之时中也。明而普照，达人之睿智也。”雍正皇帝继位后，圆明园正式成为新的离宫，并赋予了它多重功能：不仅是皇帝休憩游览的地方，也是朝会大臣、接见外国使节、处理日常政务的场所。1723 年到 1725 年，雍正皇帝下令对圆明园进行大规模扩建，扩建后的圆明园山起西北，水流东南，与附近地势完全契合，所建造的宫殿几乎囊括了中国所有的建筑风格。在雍正时期，圆明园的格局基本完成，现藏于法国国家图书馆的绘画是当年圆明园的真实写照。

后来经过乾隆皇帝的扩建，最终让圆明园的辉煌达至顶峰。在长达九年的修建中，圆明园内增添了许多新的园林景观和建筑组群。位于圆明园东面的长春园和东南面的绮春园（同治帝改名“万春园”）修建好后，“圆明三园”就此形成。三座园林共有一百多处园林风景群，一个景就是一座“园中园”或一个园林建筑群。

长春园始建于乾隆十年（1745 年）前后，园内虽然主体建筑为中式，但在园北的东西狭长一带却建有一组西式宫殿，统称西洋楼，这是中国皇家园林内首次出现的欧式建筑。西洋楼在意大利传教士郎世宁和法国友人蒋友仁的设计、监修下，由中国匠师建造。而绮春园约建于乾隆三十七年（1772 年），同治十二年（1873 年）重修后，改为万春园。万春园内部的装修图样都经慈禧亲自修改，有不少还是慈禧亲绘的。

北京皇家园林的修建是个大工程，圆明园也并非由一个设计师独立完成，还参考了许多西方人的意见。但是说到本土的首席设计师，就不得不提到“样式雷”。实际上，“样式雷”并非一个人，而是对一个建筑世家的美称。“样式雷”家族，是著名的皇家建筑师家族，先后七代工匠为清朝历代皇帝设计并修建了大量皇家建筑。因为掌管“样式房”，而且家族姓雷，故被称为“样式雷”。像北京的北海、中海、南海，“三山五园”中的圆明园、颐和园、畅春园，以及景山……都由他们建造，不夸张地说，几乎这一座城市都是他们建造的。

雍正帝修建圆明园时，年逾六旬的雷金玉，应召充任圆明园样式房掌案，也就是总工程师的工作。施工过程中，恰逢雷金玉七旬正寿，雍正皇帝赐他一个特殊的奖赏，命皇子弘历（后来的乾隆帝）为他亲笔书写“古稀”二字匾额。后来雷金玉将此匾额运回故乡，悬挂于祖居大堂。圆明园被英法联军焚毁后，慈禧太后曾重新主持修缮工作，尽管后来因经费等问题作罢，但是国家图书馆收藏的许多图文史料里都详细地记载了“样式雷”的巧妙建筑构思，当时主持样式房的是第六代、第七代“样式雷”——雷思起、雷廷昌父子。“样式雷”家族从清代康熙年间供职、居住在海淀镇地区，直到圆明园焚毁才迁至城内，掌管皇家建筑设计二百多年。

圆明园自修建以来，历遭劫数，最为沉重的打击即遭到英法联军的洗劫毁灭。据记载，文物被掠夺的数量粗略统计约有 150 万件，上至先秦时代的青铜礼器，下至唐、宋、元、明、清历代的名人书画和各种奇珍异宝。正如法国著名作家雨果所描绘和抨击的那样：“有一天，两个强盗闯进了圆明园，一个大肆掠夺，另一个纵火焚烧。这两个强盗一个叫法兰西，一个叫英格兰。”圆明园的辉煌夺目葬送在侵略者的蛮横与疯狂中，更葬送在清政府的无能与腐败里。痛心至此又如何？圆明园的破碎与一个时代的终结血肉相连，我们唯有庆幸，那山那水还在，在后人的尽力挽救和修缮下，它能以如今的面貌，见证着又一个时代的到来，见证当下的繁荣与美好。

圆明园遗址

(五)“虽由人作，宛自天开”—— 园林小记之颐和园

北京颐和园，始建于1750年，1860年在战火中遭到严重毁损，1886年在原址上重新进行了修缮。其亭台、长廊、殿堂、庙宇和桥梁等人工景观与天然的山峦和开阔的湖面相互和谐、艺术地融为一体，堪称中国风景园林设计中的杰作。

——世界遗产委员会评语

颐和园位于北京市西北郊的海淀区，是我国现存规模最大、保存最完整的皇家园林，也是我国园林建造鼎盛期的最后一座皇家宫苑。由于颐和园内容纳了各个地区最具特色的造园元素，将北方的四合院、杭州西湖的江南格调和西藏的佛塔庙宇等融合在一起，所以又有“园林建筑博物馆”的美称。

颐和园的建造以杭州西湖风景为蓝本，汲取了大量江南园林的设计手法和意境。由于借景于周围的山水环境，其风格既饱含着中国皇家园林的恢弘富丽气势，又充满自然之意趣，高度体现了“虽由人作，宛自天开”的造园准则。

颐和园万寿山佛香阁主体建筑群

颐和园依山傍水，依的是万寿山，傍的是昆明湖。这座大型山水园林的布局极有特色，在占地 4 350 亩的偌大园林里，昆明湖水域占了整体的四分之三，而以万寿山为主的陆地仅占四分之一。这一山一湖的名字，也是乾隆的得意之作。万寿山原名瓮山，为燕山山脉的支脉。据传，早年有一位老人，曾在山上挖出过一个刻有花纹的大石瓮，故得名瓮山。在瓮山脚下，由许多股泉水汇集而成的一片宽广的水域，被称作瓮山泊。清乾隆十五年（1750 年），乾隆帝为了筹备崇德皇太后（孝圣宪皇后）的六十大寿，于瓮山圆静寺旧址兴建大报恩延寿寺；同年改瓮山为万寿山，又将已更名为西湖的瓮山泊改为昆明湖，用的是汉武帝挖昆明池操练水军的历史典故，随后又将这处新建的园林命名为清漪园。

清漪园的设计，乾隆帝颇费心思。园内借用中国古代神话中“海上三仙山”的构思，在昆明湖及西侧的两湖内建造了三个小岛：南湖岛、团城岛、藻鉴堂岛，以比喻海上三山——蓬莱、方丈、瀛洲，一定程度上表达了他对于人间仙境的渴求和向往，这也是古代帝王建造园林的传统构思。为了让这座人间仙境在细节处更具魅力，乾隆帝向江南的造园艺术取经，在清漪园中大量吸收、模仿了江南的自然景色及文人士大夫园林的清雅风格，使得清漪园成为既有雍容华贵的宏大气魄，又有精巧别致的宅居特色的大型宫廷园林。

后来，清漪园被英法联军所毁，光绪十四年（1888 年）重建后，改清漪园为颐和园，作为消夏游乐之地。在清漪园改名为颐和园后，园林的整修和布局中仍藏有许多机密。据说，由于修缮颐和园是为了给慈禧祝寿，皇帝便下令园林中要体现“福、禄、寿”三个字。“样式雷”第七代雷廷昌巧用心思，完成了皇帝给的任务。他设计了一个人工湖，将这个人工湖挖成一个寿桃的形状，在平地上看不出它的全貌，但从万寿山望下去，呈现在眼前的就是一个大寿桃。而十七孔桥连着的湖中小岛则设计成龟状，十七孔桥就是龟颈，寓意长寿。至于“福”字，雷廷昌将万寿山佛香阁两侧的建筑设计成蝙蝠两翼的形状，整体看来成了一只蝙蝠，蝠同“福”，寓意多福。

中国测绘科学研究院的专家夔中羽，在经过颐和园的彩色红外遥感相片比对后发现，昆明湖确实酷似一只寿桃的形状。寿桃的“歪嘴”，偏向东南方向的长河闸口；寿桃的梗蒂，是颐和园西北角西宫门外的引水河道。最为称奇的是，斜贯湖面的狭长的西堤，构成了桃体上的沟痕。而万寿山下濒临昆明湖北岸的轮廓线，则恰似一只蝙蝠振翅欲飞。昆明湖北岸的轮廓线，明显地呈一个弓形，弓形探入湖面的部分，形成蝙蝠的头部；弧顶正中凸出的排云门游船码头，像是蝙蝠的嘴；向左右伸展的长廊，恰似蝙蝠张开的双翼；东段长廊探入水面的对鸥舫和西段长廊探入水面的渔藻轩，形成蝙蝠的两只前爪；而万寿山及山后的后湖，则共同构成了蝙蝠的身躯。

颐和园同圆明园一样，都经历过多次焚毁和修缮。作为清代政治活动的重要场所，颐和园记录了宫廷生活的许多史实，反映了清王朝由盛转衰的历史侧面。

这座为帝王建造的古典园林，现已成为中国最著名的旅游景点之一，每年接待中外游客达数百万人，并于 1998 年被联合国教科文组织正式列入世界文化遗产名录。

（六）“五朝皇家禁苑”——园林小记之“西苑三海”

北京的西苑三海位于皇城之西，虽然不属于“三山五园”之列，但却是毫不逊色的皇家御苑。西苑三海包括北海、中海和南海，明、清时期称为西苑。三海历史悠久，最早可追溯到 10 世纪的辽代，当时被称为瑶屿，是辽南京城北郊的游乐之地。金朝灭辽后，于金大定十九年（1179 年）在今北海所在地大兴土木，建造了精美的离宫御苑，命名为“大宁宫”，后更名为“万宁宫”。据史料记载，当时的布局以琼华岛为中心，在岛上和海上修建宫苑，有横翠殿、瑶光楼、瑶光台等，建筑规模庞大。

到了元朝，统治者以琼华岛为城市中心建造大都城，称琼华岛为“万寿山”，以水面为“太液池”，这里便成了皇城中的禁苑，称为“上苑”。整个太液池的位置大体相当于现在的北海和中海范围。明朝迁都北京后，在元朝的基础上进行了扩建，奠定了后来三海的规模，因为园在皇城以西，故称“西苑”。

清朝对三海有两次重要的扩建：一次是在顺治八年（1651 年）时，拆除了琼华岛上的广寒殿，修建了巨型喇嘛塔和佛寺，并将万岁山改名为白塔山；另一次扩建在乾隆时期，基本完成了三海现在的布置格局和园林建筑。几百年来，三海和西苑两个名称一直并用，而中海和南海紧密相依，常常合称为中南海。

三海中以北海为最大，总面积 1 063 亩，水面占一半以上。北海的营建源于古老的海上仙山神话，属于古代园林建筑中经典的“一池三山”模式。其中，太液池象征北海，琼华岛是蓬莱，原在水中的团城和犀山台则象征瀛洲和方丈。园中有吕公洞、仙人庵、铜仙承露盘等求仙的遗迹。

辛亥革命后，北海被辟为公园向游人开放，经过几次翻修，北海已成为北京城内著名的休闲游览胜地。北海公园的胜景丰富，其中最著名的要数北海的白塔。白塔是一座藏式喇嘛塔，名为“永安寺白塔”，是永安寺的一部分。而实际上，是先有白塔，后有永安寺。现在的白塔犹如北海公园的地标性建筑，让人一望即知。

北海

除了一座白塔外，北海公园中还有两壁颇著名，一座是铁影壁，另一座是九龙壁。铁影壁是元代遗物，由中性火山块砾岩雕成，因为壁呈棕褐色，颜色和质地似铁，故称铁影壁。铁影壁高 1.89 米，长 3.56 米，两面浅雕云纹异兽，刻工古朴浑厚。铁影壁原是建德门（今德胜门）外一古庙前的照壁，明初被移到德胜门内护国德胜庵前（今铁影壁胡同内）。1947 年铁影壁移至北海公园，40 年后，北海公园从铁影壁胡同找回基座，让铁影壁得以复原。

北海九龙壁是中国三大九龙壁之中唯一一座双面壁。北海九龙壁原是大圆镜智宝殿前的影壁，建于乾隆二十一年（1756 年），壁高 5.96 米，厚 1.60 米，长 25.52 米。壁的两面用七色琉璃砖瓦镶砌而成，两面各有九条彩色大蟠龙，飞腾戏珠于波涛云际之中。壁上共有大小蟠龙 635 条，是中国琉璃建筑艺术的精华。

九龙壁是影壁的一种，主要放置在皇帝的宫殿正门等地方。九龙壁的设计寓意着九五之尊，因为九是阳数的最高数，五是阳数的居中数，所以九五之数就成了皇权和天子之尊的代表。九龙壁的主体有九条龙，庑殿顶设有五条脊，当中正脊上也有九条游动的行龙；斗拱之间采用五九四十五块龙纹垫拱板；整个壁面用的塑块二百七十块，也是九五的倍数。

四、北京的私家园林

北京作为北方造园活动的中心，不仅有富丽壮美的皇家园林，也是私家园林精华荟萃之地。作为元、明、清三朝的政治中心，北京汇集着大量的皇亲贵戚，以及朝廷重臣，而这些人的社会地位和社会势力是一般富商所不能比拟的，因此这也使得北京的私家园林呈现出华靡的风格。此外，北方的气候较为寒冷，因而园林风格多封闭而非空透，给人以凝重之感，其植物也多用北方的乡土花木。

北京城内的私家园林，多为宅园，分布在城内居民区里。说到老北京城的居民分布，常有“东富西贵”之称，这其实指的是北京私家宅院的分布情况。由于当时为官的人常建府邸于宣武门外，宣武门在紫禁城以西，商人则聚集于崇文门外，崇文门在紫禁城以东，故称“东富西贵”。

由于北京皇亲国戚众多，因此王府花园成了北京私家园林的一个特殊类别。按不同的品级，有满、蒙亲王府，贝子府，贝勒府等。它们的规模比一般宅园更大，规制也稍有不同。

（一）“一座恭王府，半部清朝史”——园林小记之萃锦园

恭王府位于风景秀丽的什刹海的西南角，坐落于一条静谧悠长、绿柳荫荫的街巷之中，是现存王府中保存最完整的一座。这座历史上曾显赫一时的王府，历

经大清王朝乾隆、嘉庆、道光、咸丰、同治、光绪、宣统七代皇帝的统治，如一面镜子，见证了清王朝由鼎盛而至衰亡的历史进程，承载了极其丰富的历史文化信息，故有“一座恭王府，半部清朝史”的说法。

传奇般的恭王府曾历经三位主人，这三位主人自然在历史上也都是身世显赫的人物，其中最有名的就是它的第一位主人——和珅。

第一代府主和珅，可谓尽人皆知，是乾隆晚期的宰辅、大学士，又是历史上有名的贪官，在清朝历史中十分惹人注目。和珅能够在中国百姓中家喻户晓，当然也得多亏《铁齿铜牙纪晓岚》这部热播电视剧，荧幕上和珅和纪晓岚频频斗嘴耍贫，让王刚扮演的和珅形象深入人心。历史上，由于和珅的儿子丰绅殷德娶了乾隆的固伦和孝公主，所以这座豪宅也成了公主府。

第二代府主是永璘，乾隆皇帝的第十七子，嘉庆皇帝最小的弟弟。而嘉庆皇帝正是赐死上代府主和珅的人。据说，郡王永璘早就觊觎这座豪宅许久了，早在和珅当道时，他的皇子哥哥们一起商量着将来如何对付和珅，可他在边上就一句话：“将来不论哪位哥哥当皇上，只要把和珅的这座豪宅赏给我，我就知足!”史书上对这位皇子记载不多，不过似乎属于胸无大志类型，比较沉迷于吃喝玩乐。但是这位皇子天性敦厚，特重情谊，对手下比较宽纵，没有皇子的架子。嘉庆四年（1799 年），仁宗亲政后，封自己的这位弟弟为郡王。嘉庆二十五年（1820 年）三月，永璘病重期间，嘉庆帝亲临府上探望，并进封为亲王。不久永璘死去，谥号曰僖，是为庆僖亲王。

恭王府的第三代主人奕訢，在一般人印象里虽然没有和珅有名，但恭王府却是以他命名的。奕訢是道光皇帝的第六子，咸丰皇帝同父异母的兄弟。不像庆僖亲王那般游手好闲，恭亲王奕訢在清末年间也算是个搅动风云之人。他担任过领班军机大臣，领导过洋务运动，在第二次鸦片战争中，咸丰皇帝出逃之际，临危受命担任议和大臣，签订了《北京条约》，暂时挽救了清王朝的命运。咸丰帝过世后，奕訢与两宫太后联合发动辛酉政变，让慈禧得以掌握清政府最高权力长达数十年。

恭王府能够迎来如此多位名贵，也许真如传说中所说，这是一块上好的风水宝地。“月牙河绕宅如龙蟠，西山远望如虎踞”，这是史书上对恭王府的描述。古人修宅建园很注重风水，就其选址而言，它占据京城绝佳的位置。北京据说有两条龙脉，一是土龙，即故宫的龙脉；二是水龙，指后海和北海一线。而恭王府正好在后海和北海之间的连接线——龙脉上，因此风水非常好。古人以水为财，在恭王府内“处处见水”，最大的湖心亭的水是从玉泉湖引进来的，而且只内入不外流，因此更符合风水学敛财的说法。

恭王府的后花园，又叫“萃锦园”，独具特色，极具园林艺术鉴赏的价值。这座萃锦园紧邻于王府的后面，究竟建于何时，其说不一。作为王府的附园，萃锦园虽属私家园林，但由于园主人具皇亲国戚之尊贵，在规划上同一般宅院有不同之处，主要体现在园林的三路划分上：中路布局严整，由明确的中轴线所构成的空间布局体现了皇家气派；东路和西路布局灵活，东路以建筑为主，西路以长方形大水池为中心，宛似一处观赏水景的“园中之园”。从总体布局上看，萃锦园的东部及北部为建筑庭院景区，西部及南部为自然山水景区，山水与建筑对比鲜明，又统一于一体，体现了王府的肃整之风。

恭王府花园

当时，恭亲王为重建这座花园，曾调集百名能工巧匠，增置山石林木，彩画斑斓，融江南园林艺术与北方建筑格局为一体，汇西洋建筑及中国古典园林建筑于一园，建成后曾为京师百座王府之冠，是北京现存王府园林艺术的精华所在，堪称“什刹海的明珠”。其中，园中的西洋门、御书“福”字碑与室内大戏楼并称恭王府“三绝”。某些红学家认为此园可能就是曹雪芹笔下《红楼梦》中大观园的原型。

（二）“盛极一时，海淀一勺”——园林小记之米氏勺园

勺园是曾经盛极一时的私家园林，因取“海淀一勺”之意，故称勺园。它是明代著名诗人、画家、书法家米万钟的宅园，大约建于万历年间，稍晚于清

华园，位于清华园之东。勺园的主人米万钟平生好石，家中储藏了许多奇石，而这些都成了勺园中的上好点缀。在米万钟的人生履历中，他有一段时间是在江南度过的。他曾在江南做官多年，欣赏、流连过不少江南名园，所以勺园中有明显的模仿江南园林的痕迹。像王思任在《题勺园诗》中所说："才辞帝里入风烟，处处亭台镜里天。梦到江南深树底，吴儿歌板放秋船。"而沈德符则更加直接地说："米仲诏进士园，事事模仿江南，几如桓温之于刘琨，无所不似。"勺园对江南园林的模仿惟妙惟肖，这不仅在于米万钟对江南园林的特色了然于心，还在于北京西郊的地理环境和丰富的供水给勺园的营造提供了良好的条件。

之所以说勺园盛极一时，是因为当时有很多文人都题咏过这个园子，而米万钟的另两处私园却很少被提及。而且勺园与成园时间比较相近的李氏清华园总被拿来比较，虽然在规模和富丽上比不过清华园，但是造园的艺术水平却更胜一筹，而且具有浓郁的文人气息。因此，当时有"李园壮丽，米园曲折；米园不俗，李园不酸"的说法。

米万钟晚年的时候把勺园的景物画成《勺园修禊图》传世。这个手绘长卷让全园的景物一览无余，由此可知，"虽不能佳丽，然而高柳长松，清渠碧水，虚亭小阁，曲槛回堤，种种有致，亦足自娱"，此言不虚。

《勺园修禊图》（局部）

清初，在勺园旧地上又重建了一座"弘雅园"，是乾隆时英国使者马戛尔尼居住的地方。乾隆以来成为官员赴圆明园上朝途中歇息的场所，由此改名为"集贤院”。

如今，勺园旧址已经是北京大学的一部分，建起了现代化楼群，是北大留学生居住的地方，每年还会有很多国际学术研讨会、学术交流会在勺园举行。勺园，也因此成了北大对外的一个窗口。

参考文献

1. 周维权. 中国古典园林史. 北京：清华大学出版社，2008.
2. 汉宝德. 物象与心境：中国的园林. 北京：三联书店，2014.
3. 孔德喜. 图说中国私家园林. 北京：中国人民大学出版社，2008.
4. 涂鹏. 图说中国皇家园林. 北京：中国人民大学出版社，2008.
5. 徐潜. 中国古代皇家园林. 长春：吉林文史出版社，2014.
6. 萧默. 建筑的意境. 北京：中华书局，2014.

第三章　北京名胜与宗教文化

一、北京地区的宗教文化

宗教是人类社会发展中的一种文化现象，是历史文化的重要载体。寺庙宫观作为宗教文化的载体，是宗教文化的物化呈现。中国传统的宗教文化，既受到政治文化的深刻影响与制约，也融入了丰富的世俗文化因素。因此，中国古代的寺庙宫观成为各种文化的重要交汇之地，皇室成员、达官贵人、文人墨客、行商坐贾、市井平民纷纷参与其中，呈现出独特的面貌。

从历史上看，元代以后，北京宗教文化就已经在全国处于重要地位，发挥着巨大的影响。北京作为古都和历史文化名城，存留着众多的宗教名胜景点与文物古迹。北京宗教文化遗存数量之多、种类之全、内容之丰富、保存之完美，是国内其他城市、地区难以比拟的。

北京汇集了不同地域、不同类型宗教文化的精粹。北京地区的寺庙、宫观、教堂等不仅数量多、历史久远，而且形式各异。这些寺庙、宫观、教堂不仅是宗教的物化形式，而且具有传播和承载社会历史文化的功能，间接地反映着北京地区政治、经济、文化等方面的发展状况，为人们考察北京宗教文化的渊源、发展与兴衰，提供了客观的脉络与历史的轨迹。

历史上，北京地区很早就有丰富的宗教文化。早在唐幽州时期，城内就有悯忠寺（今天宣南名刹法源寺的前身）等重要的寺庙。现今寺内有沙门南《重藏舍利记》碑，刻于唐昭宗景福元年（892 年）十二月八日。碑文记述了悯忠寺重藏舍利前后缘由与过程：隋仁寿二年（602 年）幽州节制窦抗造五层大木塔，藏舍利于其下，后历经唐代文宗、宣宗、僖宗等佛塔之废兴，至唐昭宗景福元年（892 年）重藏舍利。重藏舍利的前后经过，反映出悯忠寺的兴落盛衰，以及与历代统治者崇佛、斥佛及一时治乱的关系。其中的一段记载“大燕城内，地东南隅，有悯忠寺，门临康衢”，也成为考证唐代幽州蓟城城址方位的重要依据。

据史料记载，当时城内外佛寺不下百座，真可以说是“列刹相望，祇洹郁起”。有些一直存留延续到今天，如门头沟马鞍山的慧聚寺，即今之戒台寺；香山附近的兜率寺，即今之卧佛寺。房山地区白带山一带，隋唐时已经开始雕凿石经，并流传到现在，就是著名的云居寺石经。云居寺内的藏经洞名为雷音洞，寺内有数座佛塔，是北京地区最古老的佛教建筑遗迹。

到辽南京时期，因帝王崇奉，佛教信仰大行于世，佛寺的繁盛胜过前朝，在北方无出其右者。据《顺天府志》记载，当时“都城之内，招提兰若，如棋布星列，无虑数百”。著名的如开泰寺，为魏王耶律汉宁所建，以银铸造佛像，殿宇楼观之雄壮冠于燕地。今天存留下来的最著名的有天宁寺塔，是北京城区里最古老的建筑。

金元时期遗存下来的佛道寺观，有金代的万松老人塔、银山塔林，元代的妙应寺（即今之白塔寺）白塔、白云观等，足令后人想象、向往其辉煌壮观之状。

银山塔林

明清时期，随着社会文化的繁荣发展，北京地区寺庙众多，香火旺盛。根据韩书瑞（Susan Naquin）《北京：庙宇与城市生活，1400—1900》一书的保守统计，1403年至1911年间，北京及其近郊前后存在的寺庙有2 564座。而乾隆年间官方的僧录司编制的《八城庙宇僧尼总册》，仅汉传佛教僧尼的统计，就涉及寺庙2 240座。到民国时期，政府曾就北京城内及近郊的寺庙做过三次登记普查，在《北京寺庙历史资料》中有记载的庙宇，1928年登记1 631座，1936年登记1 037座，1947年登记728座，当然这并不是最完整的数字，还有很多漏登的，但已足见其数量之多。①

北京地区寺庙宫观有下述突出的特点。

第一，著名寺庙往往与王朝皇室有着千丝万缕的关系。

有的寺庙能够绵延千年，历经重建而香火不断，与王朝皇室的重视密不可分。北京现存最早的寺庙石刻，就是唐肃宗至德二年（757年）由唐太宗敕建的法源寺内石碑。董晓萍、吕敏主编的《北京内城寺庙碑刻志》中统计了北京内城寺庙存留的碑文541通，有一半碑文有撰者署名，署名者主要是皇室人物、著名文人及高僧大德。其中皇帝撰文的碑刻大约占到四分之一，内容多记建庙始末、皇室宗教活动、捐地捐经或向高僧大德敀诏赐衔等，宣扬宗教对于政治、教化之意义。比如清康熙御制《弘慈广济寺碑文》，嘉许广济寺高僧大德之潜心佛典，能利益群生大众，“僧湛佑心通释典，志励虔修。葺陈构以维新，率群衲以遵礼。住持僧然丛，克襄厥事，庭宇秩然。盖其教以利益群生为本，其事以修持戒律为归。”故而加以特别表彰，“朕嘉其同善之心，挹彼广慈之意，俯俞敦请，爰锡斯文，振宝筏之宗风，弘金绳之觉路，用垂贞石，以示来兹。”

又比如清乾隆二十三年（1758年）御撰之《重修柏林寺碑文》：“京师名刹不胜纪，而柏林寺以傅近雍和宫特著。雍和宫者，我皇考兴庆潜邸也。皇考祝厘皇祖，故于康熙癸巳施檀重修，且请于皇祖，特赐万古柏林之额。若禅堂，若经阁，则皆皇考宝翰。后先辉映，至自今又四十余年矣。涂之丹者日以剥，构之耸者日以落。爰以乾隆丁丑仲冬，敕所司葺而新之，逮戊寅长至讫工。宝界庄严，人天增胜。考寺之始创也，不著于图志，惟明正统间所存故碣称元至正七年肇建，乃其所援据，仅出屋梁题字。近时孙承泽《春明梦余录》阙而不详，朱彝尊《日下旧闻》亦第载夏昶、金湜、包琪辈故尝联咏于此。将谓希风莲社则可，若芗林兴起之缘，不足引以为重也。夫史策所传天池跃龙之篇，一名一物犹必郑重爱惜，被诸乐府，垂示无穷。兹也精蓝翼然，依光圣迹，所以肯构而崇饰之者，

① 董晓萍，吕敏．北京内城寺庙碑刻志．北京：国家图书馆出版社，2011.

匪直表章缁素而已。夫人之情虽善忘，而孩提时事或不忘者，以其见闻久而孺慕切也。兹寺之葺其不可已者以此。将作以砻石请，故不征象教言诠而书之，重记实也。”碑文考述了柏林寺的历史沿革，记述清朝康熙以来重修扩建的缘起经过，并特别说明了皇室与柏林寺的深厚渊源，这些都成为北京寺庙文化中颇具特色的内容。

帝王、皇室与北京寺庙宫观的联系，还体现在帝王题写的大量匾额与楹联上面。比如雍和宫本是由雍正皇帝做皇子时的府邸改建而来，自然与清代皇室关系密切，至今仍留下大量帝王御笔所题的匾额与楹联、碑文，尤其以乾隆所题为最多。雍和宫最南端有成品字形的三座牌楼，东牌楼的前匾为“慈隆宝叶”，后匾为“四衢净辟”；西牌楼的前匾为“福衍金沙”，后匾为“十地圆通”；正中牌楼南向匾为“寰海尊亲”，北向匾为“群生仁寿”。这六块匾额均钤“乾隆御笔之宝”印，是乾隆皇帝御笔亲题的。天王殿院内有两座八角碑亭，东侧亭内碑刻满、汉文，西侧亭内碑刻藏、蒙文的乾隆御笔《雍和宫碑文》。雍和门殿内匾额为“现妙明心”，楹联为“法镜交光，六根成慧日；牟尼真净，十地起祥云”，也都是乾隆御笔所题。雍和门殿后，有重檐碑亭，亭内碑刻即满、汉、藏、蒙四体文字的乾隆御笔《喇嘛说》碑文，这是确立“活佛转世、金瓶掣签”历史定制的重要文献，于乾隆五十七年（1792 年）所立，碑文后钤有乾隆“八徵耄念之宝”印和“自强不息”印。大雄宝殿门楣正中悬九龙镶边的满、汉、藏、蒙四体文字的乾隆御笔“雍和宫”匾。殿内悬挂两副乾隆御笔对联，一为“接引群生，扬三千大化；圆通自在，住不二法门”，一为“法界示能仁，福资万有；净因臻广慧，妙证三摩”。此外，永佑殿、法轮殿、万福阁、绥成殿中也都有乾隆御笔题写的匾额及亲撰的楹联。

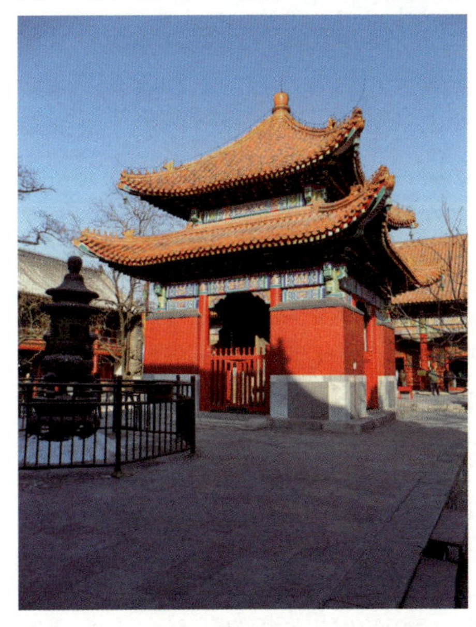

雍和宫《喇嘛说》碑亭

雍和宫东面的柏林寺，原为京师八大寺庙之一。大雄宝殿檐下正中悬挂的巨额横匾，上书“万古柏林”，也是康熙六十寿辰时的亲笔题书。可以说，北京城内外几乎每一座著名的寺庙宫观中，都有历代帝王御题的匾额、楹联、碑文、诗刻等，可见这些寺庙宫观与皇室之间的紧密联系。

此外，寺庙为自家香火兴盛考虑，也处处注意体现与王朝政治的紧密联系。

比如西城白塔寺，有元代如意长老奉敕所撰的《圣旨特建释迦舍利灵通之塔碑文》，既弘扬佛祖教化之义，详述建释迦舍利灵通塔之渊源，也不忘歌功颂德，褒扬大元朝据有天下定鼎北京的武功、威加万国九服来宾的盛业，颂扬今上天子笃信佛理、恒存外护之意。其文曰："我大元之有天下也，宗尧祖舜，踵禹基汤，圣道协于金轮，明德光于玉历，应干革命，有此武功。英声震于百蛮，威棱加于万国，八荒入贡，九服来宾，纂四圣之丕图，膺千载之期运，规亿兆之远度，恢奕世之宏纲，纬武经文，制礼作乐，建都定鼎，树阙营宫，以为非巨丽无以显尊严，非雄壮无以威天下。遂乃辟阊阖，构元殿，兴杰阁，架紫宸，饰以丹青，缛以绮缋，金题玉躞，上下交辉，藻棁雕梁，纵横散彩，行商容之洪范，列步武之威仪，陈钟鼓以醮王侯，会百僚而朝万国，将将济济，穆穆煌煌，真天子之盛理也。听政之暇，留意佛法，遵祖宗之旧章，行宽仁之温诏，凡是佛子悉获肃安，屡召名僧讲论玄奥，诚心佛法，诵百藏之金文，探赜未闻，聆三乘之妙义。恒虑新都既建，宜卜永年，以福为基，莫如起塔，冀神龙之扶护，资社稷之久长。即于都城坤隅禁苑之内，箕踵漫衍，塽垲宽平，磨玉珑珉，树斯宝塔。"

白云观中有清光绪年间《白云观重修碑》曰："白云观者，元真人邱长春所建也，我太宗文皇帝，定基于燕，载新兹宇，山祇效灵，川若贡祥，太和收委，荣光攸烛，穆哉休矣。仁宗昭皇帝，尝幸其地，眺西山之紫翠，敞南熏之蓬渤，沨沨乎其宏远也。宣宗章皇帝时，饰新崇美，规度亦伟矣，涣涣隆哉。英宗睿皇帝时，邃阁重题，回廊秘基，广哉熙熙乎。乃今皇上龙飞江汉，御极中天，七政协符，万灵绥职，郁郁乎其盛哉。乃若司设监太监苏公瑾，忠勤匪懈，乃于侍奉之瑕，相亲厥址，诹吉兴工。材木初程，则竹松苞英；经营伊始，则翚鸟翱翔。圣母章圣皇太后闻之，赐御香，灿灿乎其有终也哉。"碑文一一列举了清代以来历朝帝后的伟绩丰功及与白云观的深厚渊源。可以看出，北京地区的寺庙宫观，其作为宗教场所，并不能完全置身于现实之外，始终与王朝政治之间有着复杂而紧密的相互依存的关系。

第二，北京地区的寺庙宫观具有丰富的历史文化内涵。

北京长期作为首善之区，王朝的中心，也是文人名士云集之处。今天我们仍然能够看到历代文人名士为寺庙宫观撰写的碑文楹联及诗文游记等文字，内容极为丰富。有的出于信仰，有的应邀作文，大多体现出与寺庙较深的因缘，当然也有更重于吟赏山水、探寻古迹的，为这些宗教场所增添了深厚的文化内涵。

比如清代著名文人沈德潜为妙缘观所撰的《重修妙缘观碑记》，其文曰："金台为皇都，即帝乡之琼楼玉宇，仙境之瑶台璇宫也。无缘到此者，徒得诸传闻想象间，企望而莫可即耳。潜以吴下书迂，困于诸生者六十有六岁，己未公车北赴春闱，始得观光京国，受知于圣天子，登金门，侍玉堂，充香案吏，从游纪胜于瀛台蓬岛，何缘而得此。且数年间荷蒙持恩不改，迁擢为春卿，京畿道录，隶籍本部。妙正真人娄君近垣，实摄乃箓，各务厥职，无缘与妙正一谈清净无为奥旨，亦阙典也。嗣于大比之年，吾乡旧同学有借寓于都城西北隅妙缘观者。过访好友，连至观中，询知为妙正真人之下院，丰碑岿立，安南宗室陈监创建于有明景泰间，敕赐观额曰妙缘。夫以外藩流裔，遇知于华夏主，岂非缘乎？潜自予告回籍，日寻方然缘，不复续缘都下矣。壬申春为牛马齿八十，妙正寄书寿予，并乞余一言以纪。是观于乾隆丙寅和硕庄亲王查其废坠，交垣掌管，和亲王倡捐修葺之由。谓非观之妙缘乎？吕祖《窑头坯歌》有云：妙中妙兮缘中缘。斯即妙正重新妙缘之谓也。因为之记。”碑文详细记载了自己早年履职京师，因拜访借寓妙缘观之好友，而与妙正真人结识的因缘关系，并述及妙缘观重修之缘起，娓娓道来，感慨斯深。

清代著名游历图记——《鸿雪因缘图记》的作者麟庆一家尊佛信道，对民间道教尤为笃诚。麟庆父子与京师白云观的关系非常密切，麟庆曾出资重修白云观宗师（即邱真人的十八弟子）殿。次子崇厚曾撰《白云仙表》，记录历代真人事迹，以“志数典不忘之意”，又为观中撰刻《罗真人碑记》《昆阳王真人道行碑》，石碑均保留至今。长子崇实还撰有《邱长春真人事实》，以表达对全真邱祖的虔敬之心。

北京佛寺宫观中还有丰富的楹联、匾额点缀其中，体现出不同时期文人的见识、志趣与情怀。雍和宫中除了乾隆皇帝御题楹联之外，当时著名的大臣、文人也有名联流传至今。比如万福阁内二层东向的楹联：“示第一义谛，开不二法门”，由清朝大臣介福所撰并书写；南向的对联：“定光澄月相，慧海涌潮音”，由大臣钱陈群所撰并书写；北向的对联：“雨华庄宝相，湛月朗心珠”，由大臣汪由敦所撰并书写。这些对联均为阐发教义的上乘之作，以钱陈群所撰对联为例，上联是说定光如来有湛然清净的菩提心，因为据《菩提心论》所载，满月为圆明之体，与菩提心相类似，所以比喻自心形如月轮。修行者在内心中观白月轮，作此观能照见本心湛然清净，犹如满月之光遍于空虚，无所分别。下联说智慧深广如海的佛、菩萨，经常示现人间，讲说佛法，教导众生。这些楹联对仗工整、气魄不凡、用语典正、端庄肃穆，也体现出对佛教思想的深刻理解，成为这些著名佛寺中重要的文化遗迹。

北京地区的寺庙宫观，有许多建造于山林名胜之地，也是文人寻访山水之趣、亲近自然之妙的重要场所。故而有许多记游抒怀的诗文流传下来，有的为时人、后人刻石铭记，有的则成集刻梓流传后世。明清以来，写到北京寺庙宫观之山水景物、名胜旧迹的文章、著作很多，略举一二如下。

《帝京景物略》书影

明人刘侗、于奕正合撰的《帝京景物略》，以优美的文字详细记录了明代北京各地的寺庙宫观、山川名胜及园林景观，其中如白塔寺、天主堂、碧云寺、潭柘寺、鹫峰寺、卧佛寺、戒坛寺等都是当时著名的寺庙宫观，能够使后人了解其渊源所自、本来状貌与历史变迁。

清人麟庆喜欢游历山水，为官之余周游大江南北，“探二水三山之名胜，搜六朝五季之遗闻”，将自己的经历写成《鸿雪因缘图记》，自己亲自撰文，请幕僚汪春泉和画家陈朗斋、汪惕斋等绘画，以图文形式记述了自己的身世和经历。麟庆博学多识，情致高雅，文笔清新，文辞隽永。《鸿雪因缘图记》中以大量笔墨描写、记录了京师名胜与掌故旧闻，有着丰富的历史文化价值。如第一集中有《昆明望春》《二牐修禊》《潭柘寻秋》《卢沟策骑》等篇什，第三集中所记有金鳌玉蝀桥、白塔信炮、南北黄寺、班禅额尔德尼塔（清净化城）、架松与肃王墓、什刹海、戒台寺、潭柘寺、五塔寺、广仁宫（西顶）、卧佛寺、碧云寺、大觉寺、妙峰山、丫髻山、旃檀寺、夕照寺、积水潭、万寿山、昆明湖、黑龙潭、玉泉山、天坛祈年殿、景山五亭、小汤山温泉、房山金陵等名胜，许多寺庙宫观虽然如今我们仍耳熟能详，但时过境迁，名称犹在，景观却往往迥异于当年。其间许多景物分布、建筑形制、名人轶事、掌故旧闻，通过此书或许能够多了解一二、多遥想一番吧。

第三，北京地区的宗教文化体现出鲜明的丰富性与包容性。

北京地区的宗教文化源远流长，历史悠久。北京地区宗教文化极为丰富，对各种宗教文化兼容并蓄，体现在寺庙宫观上，既有佛教寺庙，也有道教宫观，还有清真寺、天主教堂等各种宗教的崇礼场所。即使是同一种宗教建筑，也往往体现出风格的多样与丰富。

佛教建筑有基本的格局与形制，但因为时代不同、地区差异，再加上有的寺庙得到皇家的特殊眷顾，往往体现出风格的丰富多样性。比如西山卧佛寺，主要建筑有琉璃牌坊、山门殿、天王殿、三世佛殿、卧佛殿和藏经楼等，两侧围以廊庑、配殿、客堂和方丈室，把三座院落联结成一个整体，是中国佛寺早期的一种布局方法，但在北京一带较少见，卧佛寺的这种布局丰富了北京地区寺院建筑的风格。

再比如坐落在阜成门内大街路北的妙应寺，俗称“白塔寺”，由寺院和塔院组成，在建筑风格上却有差异。白塔始建于元朝至元八年（1271 年），由尼泊尔工艺家阿尼哥设计建造。该塔形制渊源于古印度的窣堵波式佛塔，是一座典型的藏式佛塔，也是我国现存最早、最大的一座元代藏式佛塔。塔体为砖石结构，高 50.9 米，塔的外观由塔基、塔身、相轮、伞盖、宝瓶等组成。塔基平面呈正方四边再外凸的形状，由上下两层须弥座相叠而成，塔基上有一圈硕大的莲瓣承托着向下略收的塔身，再上为十三重相轮，称为“十三天”，象征佛教十三重天界。塔顶以伞盖和宝瓶作结束，伞盖四周缀以流苏与风铎。白塔于至元十六年（1279 年）竣工后，“帝制四方，各射一箭，以为界至”，以塔为中心修建了一座占地 16 万平方米的规模宏大的寺院，赐名大圣寿万安寺。元至正二十八年（1368 年）寺院遭雷火焚烧。明朝天顺元年（1457 年）重建寺院，改名为妙应寺。但从布局上来看，白塔寺则是一座典型的汉传佛教寺院。坐北朝南的第一重大殿是“天王殿”，正面供奉弥勒佛坐像，两侧为四大天王像；第二重大殿为“大觉宝殿”，供奉释迦牟尼佛、药师佛和阿弥陀佛；第三重大殿为“七宝像殿”；第四重大殿为“三世佛殿”，有乾隆题写的“具六神通”匾。因此，白塔寺成为佛教不同宗派、不同地域、不同时代建筑风格融合共存的典型代表。

北京妙应寺白塔

北京地区宗教文化的丰富性，主要体现在不同文化的交流与融合方面，是真正的兼容并蓄、包容涵盖。

牛街礼拜寺的建筑风格就体现出中国传统建筑风格与伊斯兰风格的融合，寺内建筑为中国传统木结构、阿拉伯风格装饰，主体格局为中国式宫殿式样与阿拉伯式清真寺式样的结合，是中国独有的伊斯兰寺庙风格。礼拜寺坐东朝西，第一进院落正中是望月楼，为六角形重檐顶亭式楼阁建筑，与门前牌坊和影壁一起组成入口，不同于一般寺庙。望月楼之后是礼拜大殿，五楹三进，纵深十多丈，建筑规模较大，可供上千人同时做礼拜。大殿由前殿、主殿和窑殿组成，前殿为歇山式屋顶；主殿由歇山屋顶和庑殿顶前后串联组成；窑殿很小，是高耸的攒尖六角形屋顶，屋顶是典型的中国传统风格。殿内装饰具有浓厚的阿拉伯风格，柱间设置了由阿拉伯的尖拱转变成的“欢门”。柱子和欢门满饰红地金花图案，门框是阿拉伯经文，其他部位和柱子都是卷草和团花纹饰，但绘制技法却是中国传统的金红色调和沥粉贴金。天花和梁枋彩画则以青绿冷色为主，与欢门和柱子的金红色形成强烈对比，显得非常华丽辉煌。

牛街礼拜寺望月楼

天主教传入中国的历史，就是与中国文化协调融合的过程。清顺治七年（1650 年），汤若望在利玛窦所建宣武门礼拜堂基址上修建南堂时，是“按中国式样而造”的，里面的“堂牖器饰，如其国制”，“内建亭池台榭，式仿西洋，极其工巧”。康熙六十年（1721 年），第二次重建南堂，以利博明修士为建筑师，建筑上采用当时欧洲盛行的巴洛克风格。乾隆四十年（1775 年），南堂因火灾被毁，进行第四次重建的新南堂主体以巴洛克等西洋风格为主，主动融合中国传统建筑的一些风格，从而形成北京地区教堂的中西合璧之风。北堂也是如此，四个高高的塔尖是典型的哥特式风格，而在教堂入口处前部，则建造了中国传统样式的月台，设汉白玉石栏杆，并有两座重檐歇山黄琉璃瓦顶的碑亭分立左右，亭内立教堂迁建谕旨碑和满汉文天主堂碑，教堂的灰砖、红色木门窗及红绿色油漆也是对北京建筑传统的借鉴和融合。

宣武门天主教堂

说到融合，圆明园的建造可以说是一个极致。虽然园林已毁，但通过历史的文字、图画记载，以及残存的遗迹与后人的复原，我们能够看到处于王朝盛世的中国都城北京对于不同文化、不同宗教的吸纳、融合与创新。儒、释、道三家文化虽然各有差异，但在圆明园中，大量反映儒、释、道三家主题的不同建筑却和谐共存，体现出圆明园深厚的文化内涵。首先，这里佛刹众多，如法慧寺、宝像寺、延寿寺、正觉寺等，而方壶胜境、曲院风荷、慈云普护、月地云居等胜景处也多供奉观音、文殊、弥勒佛、无量寿佛等，加上各处建筑内部的佛堂，可谓梵音袅袅、庙塔林立。而道教以修身养性、长生不老的观念迎合皇帝的需要，受到历代统治者的推崇。雍正皇帝曾在圆明园内置道场，炼造仙丹，以求长生。圆明园在日天琳宇（佛楼）西前楼处供奉玉皇大帝，在福海南岸的广育宫供奉碧霞元君。而最为主要的景观——福海中心的蓬岛瑶台，“一池三山”的建筑格局模仿的就是蓬莱、瀛洲、方丈三座东海仙山的神仙境界。此外，圆明园还建有一组园林化的欧洲式宫苑——“西洋楼”，包括 6 幢洋楼、3 组大型喷泉和若干园林小品，园林规划及围墙、石雕、铜像等都具有西方特色，楼顶却采用中国特有的琉璃瓦，墙壁镶嵌琉璃砖，同时采用中国传统的叠石技术和砖雕工艺，在当时可算是世界上唯一的一处兼有东西方风格的园林建筑群。

第四，宗教文化渗透于社会生活各个层面。

寺庙宫观是信徒与神祇进行交流的场所，自古以来就是社会民众愿望的集中寄托之处，因此寺庙的功能主要是祈神、敬拜神灵、祈求保佑、祝祷祛病消灾、祈愿生财得子、希望金榜题名等。事前祈愿，事后还愿，普通民众燃香奉烛、书写布幔，势力煊赫、家资丰厚者则会出资刻写匾额、修庙立碑，以示虔诚。这些都体现出民众民俗性崇拜的特征。

除此之外，长期以来寺庙还发挥着重要的公益功能。霍姆斯·维兹说：“寺庙提供的三种公益功能：公园、旅舍和休养所，在西方是由世俗机构提供的。”①而在中国，寺庙宫观能够提供这些公益功能，因此也就成为民众生活中非常重要的公共空间。元明清以来北京寺庙的公共空间功能，既有延续，又有所变化，体现出其在社会生活中的基本面貌。

北京明清时期的寺庙数量极多，有些是皇家寺庙，专供宫廷及贵族人员使用，不向公众开放；有些属于禁地，如喇嘛教之弘仁寺和道教之光明殿，普通公众无缘进入。这些寺庙，早期大多不负载公共功能，这从所存留碑刻的撰述者多为帝王高官、碑文多属纯粹弘扬宗教内容等情形可以看得出来。

除此以外，北京的大多数寺庙，都在社会公共生活中发挥着重要作用。比如道教的白云观、佛教的广济寺、喇嘛教的雍和宫等，寺院规模宏大，每逢重大节日都向公众开放，在信徒与普通公众中有着极大的影响力。“京城寺庙民众性的

---

① 董晓萍，吕敏．北京内城寺庙碑刻志．北京：国家图书馆出版社，2011.

宗教祭祀活动，大约自元代起，形成定期集会规模，经明代的繁衍发展，到清中叶形成鼎盛局面。”雍和宫、白云观、隆福寺与护国寺等定期举办庙会，是士庶百姓频繁光顾的场所，一直延续到今天，形成有着浓郁老北京风韵的非物质宗教文化形式，也成为北京最具中华民族特色的民俗活动之一。另外一些普通寺庙，处于街坊居民区之中，是附近居民敬神祈福的主要场所，有时也会成为特定群体的集会之地。尤其是一些香会和会馆所属的寺庙，更是如此。会众既在寺庙集会敬神，也会在庙内设置库房与客房，供会众及他人使用。① 寺庙类似的社会功能，史料及文学作品中多有提及。穷书生寓居寺庙，是各种才子佳人小说、戏曲中普遍的场景。比如著名的《西厢记》，普救寺即是“南来北往，三教九流，过者无不瞻仰”的热闹之地，张生说：“有僧房借半间，早晚温习经史，胜如旅邸内冗杂，房金依例拜纳。”可见当时缴纳房费借居寺庙已是通例。到明清时期的北京寺庙，这种聚会游览、提供寄寓的功能自然也充分得以呈现。《天咫偶闻》中有关于法源寺海棠、丁香花事的记载，可见寺庙观览早已成为士庶民众重要的日常活动。乾隆二十一年（1756 年）所刻《妙缘观碑》中则记载了一位赴京赶考的举子寄住大石桥胡同妙缘观的事情，也是寺庙接待举子士人临时借住的真实事例。② 可见宗教活动之外，寺庙已经充分介入公众的世俗生活，使得这些寺庙的世俗性体现得更为明显，这些是晚近北京地区寺庙公共职能的新的体现。

随着社会的发展，不同宗教的节日在宗教意义之外，越来越承载着更为丰富的文化内涵，吸引着更广泛的民众参与其中。以佛教寺庙和道教官观为载体的北京庙会，日益焕发出浓郁的传统文化的风韵，基督教的主要节日圣诞节已经成为部分京城百姓特别是年轻人关注和喜闻乐见的节日，伊斯兰教开斋节活动也已成为盛大的宗教节日。

北京地区的佛寺、道观、教堂正承载着展示中华民族精神与北京宗教文化魅力的重任，客观上也推动道教、佛教、天主教、基督教、伊斯兰教更大范围和更深程度地融入北京地域文化，形成了具有区域特色的北京宗教文化。

二、北京地区宗教文化的发展历程及代表性寺庙宫观

（一）佛教在北京地区的发展及京都名刹

佛教是世界公认的三大宗教之一，发源地在古印度。从阿育王统治时期一直

---

① 董晓萍，吕敏．北京内城寺庙碑刻志．北京：国家图书馆出版社，2011.

② 北京图书馆金石组．北京图书馆藏中国历代石刻拓本汇编（第七一册）．郑州：中州古籍出版社，1990.

到公元前1世纪，佛教开始向外传播，成为世界性的宗教。公元纪元前后佛教传入中国，得到历代统治者的扶植与支持，逐渐广泛地传播开来，在与中国传统文化相互吸纳与融合的过程中，逐渐形成了具有中国特色的佛教文化。公元4世纪中叶，即东晋十六国时期，佛教开始在北京地区传播。北京地区最早的寺庙之一是位于门头沟地区的潭柘寺，相传该寺由晋代华严法师创建，初名嘉福寺，民间俗语有“先有潭柘寺，后有北京城”的说法。

隋代大业年间，隋炀帝的肖皇后资助僧人静琬在房山石经山刻《大涅槃经》等佛家经典，并修建著名的云居寺。辽代时燕京城内和近郊“僧居佛寺，冠于北方”，规模宏大的寺庙“三十有六”，小的庵院、佛舍难以计数。而云居寺石经的刻写、契丹藏的雕印，更进一步推动了北京地区佛教文化的发展。元朝以喇嘛教为国教，但对汉传佛教及其他宗教并不排斥，元大都成为当时佛教发展的中心。据宣政院至元二十八年（1291年）统计，“全国寺院凡二万四千三百一十八所，僧尼合计二十一万三千一百四十八人”（引自《中国佛教》），仅元大都城内外就建有大护国仁王寺、大圣寿万安寺、大天寿万宁寺、大崇恩福元寺、大承华普庆寺、大天源延圣寺、大觉海寺、大寿元忠国寺等著名寺刹。元英宗时诏令“冶铜五十万斤，作寿安山寺佛像”，规模之大空前绝后，这就是今天西山卧佛寺的大铜卧佛。明太祖朱元璋建立明朝后，扶植汉传佛教各宗派，使禅宗、净土宗、律宗、天台宗等得到恢复与发展。据《明宪宗实录》记载，自太祖立国，至宪宗成化十七年（1481年）间，“京城内外敕赐寺观至六百三十九所，后复增建，以至西山等处相望不绝，自古佛寺之多，未有过于此时者。”到1644年明朝灭亡时，北京地区佛教寺庙达一千多所。

清朝自顺治皇帝定鼎北京，历经康熙、雍正、乾隆三朝，国力日益强盛，佛教再度复兴。佛教宗派仍以禅宗为盛，净土为清初以来佛教各宗的共同信仰。清朝前期几位皇帝都十分尊崇佛教。顺治皇帝极喜研修佛法，又好参禅，曾广召天下禅宗名僧进京谈论佛法。康熙皇帝六下江南，经常住在名山巨刹之中，往往书赐匾额，撰制碑文。雍正皇帝对禅也颇有研究，自号“圆明居士”，并将修习佛法之心得，编纂为《御选语录》十九卷。为弘传佛学，雍正十一年（1733年）还在京城设立藏经馆，召集天下名僧对历代藏经进行整理，重新刊印。乾隆皇帝即位后，大清国力与日俱增，佛教亦达到极盛局面，不仅完成了汉文大藏经的雕刻刊印工作，而且组织人力历经18年，将汉文大藏经翻译成满文和蒙文。自清世祖顺治皇帝始，至清圣祖康熙六年（1667年）为止，仅仅二十多年时间，以北京为中心的直隶地区兴建新寺、修复旧寺的数量甚至超过了明代的全盛时期。据《清会典事例·礼部》记载：“通计直省敕建大寺庙共六千七十有三，小寺庙共六千四百有九。私建大寺庙共八千四百五十有八，小寺庙共五万八千六百八十有二。”数量极为惊人。到乾隆年间，北京地区佛教寺庙的兴建、修复，规模更是空前。汪由敦《重修圆通禅庵记略》云：“佛教流布中国三千余年，今世梵刹琳宫，照耀寰宇，京师尤盛……飞阁层轩，云霞蔚起，宸章碑额，日月光辉，洵乎极天下之巨观矣。”由此可见，清代全盛之时，北京地区佛教寺庙数量之多、规模之大，自古至今，皆无可匹敌。

1. 法源寺

法源寺是北京城内现存的历史最为悠久的古刹，在宣武门外教子胡同南端东侧，占地约 6 700 平方米，始建于唐初。史书上记载，贞观十九年（645 年）唐太宗李世民出征辽东后，为悼念阵亡将士，敕建了悯忠寺，到武则天万岁通天元年（696 年）最终完工。辽代时成为辽南京城最为重要的寺庙之一，但不幸毁于清宁三年（1057 年）的幽州大地震。咸雍六年（1070 年）修复后改称“大悯忠寺”，基本奠定今天的规模和格局。明代改称崇福寺，清雍正十二年（1734 年）改建后赐名为法源寺。法源寺为标准的中式寺院建筑，规模宏大，布局严整。山门坐北朝南，共六进院落，主要建筑都位于中轴线上。第一进有天王殿，供奉明代铸造的弥勒菩萨铜像，背后是护法神韦驮坐像，以及铜铸四大天王造像。第二进有大雄宝殿，供奉毗卢遮那佛、文殊菩萨、普贤菩萨，为明初造像，大殿两侧为清代所造十八罗汉坐像，抢厦梁上悬挂乾隆御笔“法海真源”匾。第三进有观音殿（又称悯忠台），陈列历代石刻、经幢等。后面为毗卢殿，供奉明代铜制五方佛像，其中层为四方佛，佛面各向四方，上层为毗卢佛。再后是大悲坛，陈列东汉、东吴、北魏、北齐及隋唐等历代佛像、石刻与其他佛教艺术珍品。第六进为藏经阁，藏有唐朝和五代时期的写经及宋、元、明、清版经文，另有明代木雕佛涅槃像，长约十米，是北京最大的卧佛。

法源寺作为京师名寺，引士庶瞻目，花事之盛亦久负盛誉。乾嘉之时以海棠著称，清人洪亮吉有诗曰：“法源寺近称海棠，崇效寺远繁丁香。”同光以后，更以丁香称盛于都下。今天寺内尚有数百株丁香，每年五月时节，丁香花开，白多于紫，花香浓郁，不禁令人遥想昔日花事之繁盛。

法源寺历经火灾、地震及战乱破坏，多次重修但寺址始终未变。在漫长的历史中，法源寺见证了历史上很多著名人物的命运。靖康二年（1127 年），金兵攻入汴梁，俘虏了宋徽宗、宋钦宗父子和后妃宗室三千人及大批财物北归，北宋王朝灭亡，被掳的徽、钦二帝，就被关在法源寺中。元初，南宋著名遗民谢枋得被关押于此，绝食而死。晚清戊戌变法时，这里是维新志士的聚集之地，著名的“戊戌六君子”在菜市口被处决后，灵柩即停放于此。著名作家李敖以此为背景创作的小说《北京法源寺》，即描述了那段波澜壮阔的救亡图存的历史。

现在的法源寺，是中国佛学院、中国佛教图书文物馆所在地，也是研究佛教文化、开展佛教活动的重要场所。2001 年，法源寺被列为第五批全国重点文物保护单位。

2. 潭柘寺

潭柘寺位于北京门头沟潭柘山山麓，始建于西晋建兴四年（316 年），原名嘉福寺，因寺后有龙潭、山上有柘树而得名潭柘寺。北京很早就流传着“先有潭柘，后有幽州”的说法，此寺之古，可想而知。唐代扩建改名龙泉寺，金代重修之后称大万寿寺，元代、明代多次重修或重建，清康熙三十一年（1692 年）重修，康熙三十元年（1697 年）赐名岫云禅寺。目前潭柘寺的总体规模是清代形成的。

潭柘寺

潭柘寺依山而建，总体布局紧凑严整，院落逐级升高，错落有致，与周边环境、山势自然融汇，气象不凡。建筑群坐北朝南，布局分为三路。

中路是木牌楼、山门、天王殿、大雄宝殿、毗卢阁。各殿两侧的配殿、廊庑也随山势升起，至毗卢阁前抬高为两层楼屋，从后殿毗卢阁下望可俯瞰全寺景观。因是康熙皇帝敕建的缘故，大雄宝殿面阔五间，黄琉璃瓦绿剪边重檐庑殿顶，四周绕以汉白玉栏杆，规格高于一般佛寺。“清净庄严”“福海珠轮”匾额分别为康熙、乾隆皇帝手书。鸱吻两侧的四条镀金剑光吻带，是康熙皇帝的御赐之物，在全国仅潭柘寺独有。龙王殿廊中有潭柘寺一宝——石鱼，长约1.5米、重达150千克的石雕大鱼，远看似铜，敲击能发出清脆的乐音。

东路以园林为主，分为东西两组建筑：西有竹林院、地藏殿、方丈院、舍利塔；东为行宫，是清代皇帝游山到此休息之所。东路有著名的流杯亭，亭内悬挂乾隆帝亲笔写的“猗亭”横匾；地面用巨大的汉白玉铺成，上面刻有蜿蜒曲折的水槽，南看像龙首，北看似虎头，巧妙地构成了一幅“南龙北虎”的图案；引泉水入水槽，酒杯放置其中，会随水漂流，游人坐在不同位置可取杯饮酒，颇有“曲水流觞”的情趣。

西路有大悲殿、戒台殿和观音殿等建筑，观音殿居于全寺最高的平台之上，面阔三间，单檐歇山顶，殿内观音彩塑隽秀端庄，殿角系以铜铃，微风吹拂时声音清脆。在观音殿俯瞰全寺，可见重重屋顶、庭院古树；极目远眺，则见青山环抱，意境极佳。

潭柘寺的整个建筑群显得规矩严整、主次分明、层次清晰，寺内有殿、堂、阁、斋、轩、亭、楼、坛等建筑形式；寺外有上下塔院、东西观音洞、安乐延寿堂、龙潭等众多建筑和景点，宛如众星捧月，组成了一个方圆数里、景点众多、情趣各异的名胜景区。已故中国佛教协会会长赵朴初曾写联赞曰：“气摄太行半，地辟幽州先。”

2001年，潭柘寺被列为第五批全国重点文物保护单位。

3. 戒台寺

戒台寺又称戒坛寺，位于北京西郊门头沟马鞍山麓。寺内有中国寺院里最大的戒台，与杭州昭庆寺、泉州开元寺中的戒台并称中国三大戒台。戒台是佛教寺院向信徒传授戒律的地方，只有大的寺庙才设置。戒台寺始建于唐武德五年(622年)，初名慧聚寺，辽代高僧法钧来寺开坛讲授戒律，在此营造戒台。元代至正年间，高僧月泉法师进行增修扩建，元代末年寺内殿堂及戒坛毁于战火。明代正统年间进行修整，改名万寿寺。清康熙、乾隆年间又进行扩建，现存主要殿宇都是清代以来所建。当时准备皈依佛门的人来寺中学习经文和戒律，然后到潭柘寺楞严坛进行考核，合格者准许出家，并能成为游方僧人，因此戒台寺名声大振。历史上的戒台寺在中国佛教中占有重要地位，历代朝廷都非常重视，特别是明代以后，开坛受戒必须持有皇帝的敕谕。

戒台寺坐西朝东，依山而建，遥望京城，各殿都建在逐层升高的平台之上，沿东西向两条轴线依次分布，有辽代寺院之风格。大雄宝殿一组建筑位于南侧偏前，正殿是大雄宝殿，前面是天王殿，后面是千佛阁（已毁，仅存台基及柱础）。戒台殿一组建筑位于北侧偏后，戒台殿为二层攒尖顶建筑，殿内巨匾是乾隆御笔亲题“树精进幢”。现在的戒台是清代重建，平面正方形，分三层，高约 3.5 米，底层宽 23 米，用汉白玉砌成，四周雕有莲瓣、祥云等图案，刻工十分精细，“宏规丽构，天下所无”。明王殿前南北两侧并列两座砖塔，南塔为辽代高僧法均的衣钵塔，北塔为法均的灵塔。殿堂四周分布着许多庭院，各院内有精美的叠山石、葱郁的古松柏，山花流泉，环境清幽。寺中有大量数百年的古松，素有“潭柘以泉胜，戒台以松名”之誉，其中“卧龙松”“抱塔松”等均为北京著名古松。最奇特的是“活动松”，随意拉动一根松枝，整棵树的枝叶都会跟着摇动，清代麟庆曾在《鸿雪因缘图记》中记载“戒台玩松”的奇妙，“其本甚巨，偶摇一枝，全身俱动，不可思议。”乾隆皇帝也在此留下一座“题活动松诗”的石碑。

戒台寺大雄宝殿

1996 年，戒台寺被列为第四批全国重点文物保护单位。

4. 云居寺

云居寺位于房山区白带山麓。隋文帝年间，始于此地建智泉寺，僧人静琬秉承其师之宏愿，凿石刻经，成《大涅槃经》，创建云居寺。据《帝京景物略》记载，因“寺在云表，仅通鸟道……山腰常有白云萦绕……”，故名“云居寺”。经过历代修葺，形成五进院落六重殿宇的规模，形制宏伟。寺院三面环山、一水分流，坐西向东，沿袭了西晋以来崇奉太阳的习俗。寺的中路原为六重殿宇，最前面是天王殿，拾级而上是毗卢殿，殿的两侧是鼓楼和钟楼，再往上是大雄殿、药师殿和弥陀殿，在这些殿堂的两侧建有僧房、文殊殿和方丈院等附属建筑。云居寺的最高处是大悲殿，与说法堂、藏经阁浑然一体，构成全寺规模最大的殿宇。

云居寺历史悠久，保留着数量众多的唐、辽时期的石、砖塔，其中唐塔 7 座，辽塔 5 座，明清时期古塔若干。尤其是北塔院四角各有一座唐塔，形制精美，浮雕刀法精湛，是北京地区难得一见的唐代石质建筑精品。

距云居寺约 2 千米的石经山雷音洞中出土有佛祖肉身舍利，以及 1 122 部、3 572 卷、14 278 块石刻佛教大藏经——《房山石经》，其历史之久，工程之大，刊刻之宏伟，世所罕见，被誉为“佛教圣地，石经长城”，是中国唯一的石刻大藏经。房山石经由辽代高僧静琬大师开创，受北齐摩崖刻经影响，为保存、传承佛经，开创了碑版刻经事业。从隋朝开始，历时六个朝代，绵延一千多年，十几

云居寺石经地宫

代弟子师徒相继、代代相传，完成了这项伟大而瑰丽的工程。云居寺石经曾以《开元大藏经》《契丹藏》作为底本，但这两部藏经已经佚失，云居寺石经就成为校勘其他藏经版本的最好资料，文献价值极高。除此以外，云居寺还藏有卷帙浩繁的纸本佛经，有 22 000 多卷，多为明代刻印本和手抄本；并藏有 77 000 多块清代《龙藏》木经版，是世界上仅存的两部汉文大藏经经版之一。

云居寺每年农历四月初八（释迦牟尼诞辰）举行浴佛节庙会，吸引大量游客、信众前来朝拜。1961 年，云居寺被列为第一批全国重点文物保护单位。

5. 红螺寺

红螺寺位于怀柔县城北红螺山南麓，始建于唐代，原名大明寺，金代、元代为皇家寺庙圣安寺的下院，明正统年间改为“护国资福禅寺”，清代又屡有修葺，康熙皇帝曾到此赏竹，此后香火更盛。因其在红螺山上，当地百姓称其为红螺寺，沿用至今。

红螺寺是北方佛教的发祥地，属于净土宗的十方常住寺院（可以接待各地云游僧人），规模和等级都较高，因而历代都是著名的佛教圣地，高僧频出，信众极多。红螺寺坐北朝南，依红螺山山势而建，目前格局保持完整，三进院落，左右对称的布局，中轴线上主体建筑依次为山门、天王殿、大雄宝殿、三圣殿。大殿内东侧有明天启五年（1625 年）铸造的铜钟一口，造型端正优美，钟面铸造《金刚经》全文诵经仪轨、诸佛名号及明熹宗敕赐钟铭，字迹清晰、流畅。

红螺寺一带山色秀丽、风景绝佳，有所谓三绝景：一是山门下的御竹林，距今已有 600 多年的历史。二是寺内正门台阶两侧各有两株古槐，据说已有 2 000 多年的树龄，仍然挺拔雄伟，枝繁叶茂。三是寺内近千年的银杏树、平顶松和紫藤，每到暮春时节，花开烂漫，花香满寺，是北京地区胜景之一。

6. 雍和宫

除了汉传佛教之外，清代北京地区还兴建了总计 40 多座喇嘛庙，比如著名的东黄寺（普净禅林）、西黄寺（清净化城）、隆福寺、护国寺、妙应寺、五塔寺等。

雍和宫位于北京城东北安定门内东面，始建于清康熙三十三年（1694 年），是清世宗雍正皇帝称帝前的府邸，称雍亲王府。雍正三年（1725 年），命名为雍和宫。乾隆九年（1744 年）将其改为藏传佛教格鲁派寺庙，额定喇嘛五百零四名，成为格鲁派在北京地区最大的喇嘛庙。

雍和宫万佛阁

雍和宫坐北朝南，分为东、中、西三路。中路共五进院落，七座殿宇，从南向北，主要有牌楼院、昭泰门、天王殿、雍和宫殿、永佑殿、法轮殿、万福阁等，正殿高大，重院深藏，将汉、藏、满、蒙等多种建筑艺术融为一体，特色鲜明，气势巍峨。雍和宫内供有众多的佛像，造型优美，生动传神，同时还保存有大量的唐卡、字画、服饰、民族生活用品、法物、法器等。尤其是释迦牟尼佛像和 41 幅《释迦牟尼源流》唐卡等，均为珍贵文物。紫檀木雕刻的罗汉山，白檀香木雕刻的弥勒大佛，金丝楠木雕刻而成的旃檀佛龛，则被誉为雍和宫内的木雕“三绝”。

自乾隆末年，金奔巴瓶设于此，雍和宫在喇嘛教中的地位更为重要。寺中矗立着清高宗御制《喇嘛说》碑一座，用汉、满、蒙、藏四种文字镌刻，表明了清朝中央政府对喇嘛教的政策。

1961 年，雍和宫被列为第一批全国重点文物保护单位。

7. 黄寺

黄寺曾是五世达赖和六世班禅在京的驻锡地，不仅是蒙、藏地区僧俗来京参佛烧香之地，而且京师王公大臣也时常前往礼佛、布施，因而黄寺成为藏传佛教的圣地。黄寺位于安定门外黄寺大街，有东黄寺和西黄寺，故称双黄寺。东黄寺又名普净禅林，建于清顺治八年（1651 年），是为活佛脑木汗所建，今已不存。

西黄寺建于顺治九年（1652 年），达赖喇嘛五世在当年 12 月来京时住在该寺。顺治十年（1653 年），达赖喇嘛辞归。乾隆四十五年（1780 年），班禅额尔德尼六世来京，清高宗指定把五世达赖曾经住过的西黄寺作为他的安禅之所。

西黄寺寺门南向，进门有殿三间，院内有钟楼、鼓楼各一座。第二进有正殿五间，殿前有东西碑亭两座。雍正元年（1723 年），蒙古王公铸佛像、宝塔送寺供奉。乾隆三十六年（1771 年）重修。乾隆四十七年（1782 年），为纪念班禅额尔德尼六世，在西黄寺殿后中轴线上建清净化城，内有白塔一座，塔身刻班禅始末记。西黄寺又称达赖庙，清净化城为班禅塔。班禅塔周围环绕石栏，前、后各有白石牌坊一座。塔制上下八角形，饰以金顶。塔的四角配以小塔四座，每座塔上通刻佛像及纹饰。清净化城塔的形制吸取了印度迦耶精舍大塔四角建小塔的布局，主塔结构和形制都为藏传佛教的喇嘛塔样式，浮雕所刻佛教人物、建筑及花纹装饰则是汉地传统艺术手法，不同艺术风格融为一体，体现了西黄寺在建筑艺术上的独特之处。

2001 年，西黄寺清净化城塔被列为第五批全国重点文物保护单位。

（二）北京道教的发展过程及著名道观

道教是中国土生土长的宗教，从文献记载来看，早期道教自东汉产生后就开始在北京地区流传。北朝时期，寇谦之对北方天师道进行改革，得到北魏太武帝拓跋焘的支持，新天师道成为北魏的国教，道教在北京地区得到了真正的发展。到唐代道教得到扶植与推崇，位居三教之首。开元二十九年（741 年），在幽州建立了天长观，是今天白云观的前身，这是有历史记载的北京地区的第一座道观。

金元时期是道教发生重大变化的时期，派别众多，在北京地区流传的有大道教、太一教及著名的全真道。尤其是元朝皇室对全真道非常推崇，多次册封全真祖师，道教在北京地区得到更为广泛的传播，进入了极盛阶段。据清《顺天府志》记载，元初全真道士就在燕京建道观数十座，最著名的是长春宫及后来的白云观。当时在北京地区传播的道教派别还有玄教，其重要宫观是崇真宫与东岳仁圣宫（俗称东岳庙，至今尚存，位于朝阳门外神路街）。随着道教各派的合流归并，全真派与正一派在元代的中后期正式形成，成为中国道教两大主要派别。

明清以来总体上实行三教并用的政策，但对道教既利用又有所限制，尤其是清代限制较多，道教文化趋于世俗化，逐渐转向民间信仰。明清以来的白云观和东岳庙，作为道教在北京城的两大宫观，吸引着众多京城善男信女前来烧香朝拜。特别是两座宫观中举行的庙会，更是盛况非凡，充分体现出世俗化的特征。

1. 白云观

位于西城区白云路的白云观是北京第一大道观，是道教全真派的祖庭，有

“全真第一丛林”之称，也是我国现存规模最大的道教建筑之一。

白云观原为埋葬丘处机遗蜕而创建，丘处机是全真道祖师王重阳的七大弟子之一，创建龙门派。元初，丘处机赴雪山觐见成吉思汗，回京后赐居于太极宫。元太祖二十二年（1227 年）朝廷下旨将太极宫改名为长春宫，以表示对长春真人丘处机的崇敬。丘处机仙逝后，其弟子尹志平营建一道院于长春宫东侧，名“白云观”，为长春宫附属观宇，藏长春真人之遗蜕于白云观内之处顺堂。明初，以处顺堂为中心重建宫观，并正式赐额为白云观，清乾隆年间重修，新中国成立以后又有大规模修缮。

白云观现存建筑大部分为清代重建，但基本规模与明代时相近，坐北朝南，分为中、东、西三路及后院，平面格局与一般佛寺相似。殿宇规模不大，但布局紧凑，中轴线上主体建筑有山门、灵官殿、玉皇殿、老律堂、邱祖殿、三清四御殿。玉皇殿左右建有两配殿，配殿之南有钟鼓楼，不过鼓楼在东，钟楼在西，与其他佛寺宫观正好相反。三清阁与四御殿为前出廊的二层阁楼，上层为三清阁，藏有明正统年间所刻《正统道藏》5 000 余卷；下层为四御殿，供奉辅佐玉皇大帝的四位天帝。白云观的建筑格局和形制与法源寺藏经阁几乎完全一样，体现出北京地区宗教建筑文化的相互借鉴与交融。

白云观邱祖殿

西路有神特、祠堂院、八仙殿、吕祖殿、元君殿、文昌殿等，东路有三星殿、慈航殿、真武殿、雷祖殿等，供奉着古代民间信仰的儒、释、道各路神仙，成为中国古人信仰模式和民俗生活的一个缩影。

现在中国道教协会便设在白云观内。2001 年，白云观被列为第五批全国重点文物保护单位。

2. 东岳庙

东岳庙位于北京朝阳区朝阳门外神路街，是道教正一派在华北地区最大的道院。始建于元延祐六年（1319 年），由玄教大宗师张留孙和其弟子吴全节募资兴建。至治三年（1323 年）完工，皇帝赐名东岳仁圣宫，主祀泰山神东岳大帝。元末在战火中遭到破坏，明初玄教重归正一派，从此定名为“东岳庙”。明清时期东岳庙有过多次修缮、扩建，道光年间扩建东西跨院，增加房舍百余间，建筑格局基本确定。东岳庙从元至清，一直都得到皇室的重视。新中国成立后于 1996 年重修中路建筑群，并成立北京民俗博物馆。

东岳庙

东岳庙坐北朝南，由正院、东院、西院三部分建筑组成，大小殿宇 600 余间，现存建筑大多数是清代重建的。正门前有高大宏伟的三间四柱七楼琉璃牌楼，是目前北京地区最大的、唯一的横跨街道的琉璃牌坊。正间檐下各嵌有一块石匾，南面题“秩祀岱宗”，北面题“永延帝祚”，意思是说皇帝依照礼制祭祀泰山之神，祈求皇朝永固。正院建筑主要有山门（1988 年拆除）、洞门牌楼、瞻岱门（又称戟门、龙虎门）、岱岳殿（又称仁圣宫）、育德殿及后罩楼。岱岳殿主祀东岳大帝，面阔五间，采用灰筒瓦庑殿顶，殿身梁、柱、檩、枋施以金龙和玺的彩画，显示出极高的规格。这种细致华贵的图案，在古代是宫殿、坛庙等建筑专用的。东岳庙的皇家气派还不止于此，清代时曾在后罩楼设行宫，供前往东陵祭祖的帝后在此歇息。岱岳殿甬道两侧有两座御碑亭，西面碑亭内有康熙四十三年（1704 年）御制《东岳庙碑文》一通，东面碑亭中有乾隆二十六年（1761 年）御制《东岳庙重修落成碑记》一通，记述了清代皇家重修东岳庙的前后经过，这些都体现出东岳庙作为皇家敕建寺庙的规格与尊荣。东院原为花园，据说光绪帝和慈禧太后经常来此观赏休息。西院为规制不一的小型殿宇，如东岳宝殿（祠堂）、玉皇殿、三皇殿、药王殿、显化殿、马王殿、妙峰山娘娘殿、鲁班殿、三官殿、瘟神殿、阎罗殿及判官殿等，多为民间善会修建。

东岳庙素以“三多”著称于世，即神像多、碑刻多、楹联匾额多。东岳庙各院落的石碑接近 140 块，可谓京城之冠。其中元碑 1 通，为赵孟頫行书《张天师神道碑》（俗称《道教碑》），记述东岳庙创始者张留孙的生平事迹，风格古朴遒劲，为元代书法艺术珍品。另外，还有明碑 32 通、清碑 99 通、民国石碑 6 通，多为历代修建东岳庙碑记及民间香会碑记，内容丰富，具有较高的艺术和史料价值。

东岳庙是北京地区现存历史最悠久、保存最好的道教建筑之一。1996 年，东岳庙被列为第四批全国重点文物保护单位。

（三）伊斯兰教在北京地区的发展及著名清真寺

伊斯兰教是世界性的宗教之一，与佛教、基督教并称为世界三大宗教，遍布在亚、非两个大洲，通过经商交往、文化交流等多种途径而得到广泛的传播。伊斯兰教自唐朝时传入中国，直到在回、维吾尔、哈萨克、东乡、柯尔克孜、撒拉、塔吉克、乌兹别克、保安、塔塔尔 10 个民族中形成传统宗教，经历了一个相当长的历史阶段。伊斯兰教在中国的广泛传播与发展是在元朝，当时大批信仰伊斯兰教的中亚各族人、波斯人和阿拉伯人纷纷迁居中国，穆斯林自发自愿组织起来的以清真寺为中心的教坊制也逐渐完善。这一时期，伊斯兰教在中国各地和元大都得到较大的发展。迄今已有一千多年的牛街礼拜寺，是北京地区最古老的清真寺。元大都内穆斯林人口很多，清真寺也不少。明朝政府对穆斯林的宗教活动采用给予适当保护的政策，明代时有 4 座“官寺”，并都有明代皇上的题名，分别题名为清真（东四清真寺）、礼拜（牛街礼拜寺）、法明（安内二条法明寺）、普寿（锦什坊街普寿寺）。所谓官寺，即拥有礼部所发札副、冠带，从而掌教者冠带荣身、住持是寺，以领众焚修、祝延圣寿，享有一切差徭概在蠲免之列特权的清真寺。由此可以看出，这一时期北京地区伊斯兰教的进一步发展。

清初，伊斯兰教在清政府高压政策的统治下由京城内城向外城和近郊地区拓展，北京地区的清真寺成倍地增加。

伊斯兰教自传入北京以后，作为一种宗教文化在这块古老的土地上扎根生长，与北京传统文化互相依存、互相影响，从而成为北京民族文化的重要组成部分。北京地区清真寺文化作为伊斯兰文化的载体，经过一千多年的演进与发展自成体系，成为北京传统文化中极其丰厚的民族文化宝藏。伊斯兰文学、艺术、天文学、医学、数学、建筑、书法等，以北京清真寺为中心得以发扬光大，同时也丰富了北京传统文化。

在北京地区著名的清真寺中，牛街礼拜寺是历史最为悠久、规模最为宏丽的清真古寺，居北京四大清真寺之首，也是世界上著名的清真寺之一。其他著名的清真寺还有花市清真寺、东四清真寺、通州清真寺、马甸清真寺等。

1. 牛街礼拜寺

牛街礼拜寺始建于辽代统和十四年（996 年），即北宋至道二年，明朝成化十年（1474 年）奉敕赐名“礼拜寺”。经过元、清历代的扩建与重修，现存建筑是清康熙三十五年（1696 年）重建，但大殿内部的部分构件还遗存有明代风格。

寺内保存着一批见证中外文化交流的重要文物与碑刻。寺东南是两座筛海坟，有两块阿拉伯文墓碑，据墓碑载，南宋末波斯人艾哈迈德、布哈拉人阿力曾来寺讲学，去世后均葬于寺侧跨院丝柏树下。寺内碑亭中有明弘治九年（1496 年）用汉文、阿拉伯文两种文字所刻的《敕赐礼拜寺记》碑，是研究伊斯兰教传入历史的重要实物资料。寺内还藏有《古兰经》阿拉伯语与波斯语对照手抄本、木刻和明清香炉等珍贵文物。

牛街礼拜寺是中国伊斯兰教“壮观崇教”“昭华映回辉”建筑思想实践的典型。该寺明万历四十一年（1613 年）所立《敕赐礼拜寺重修碑记》中说：“况西则天房，中天而立；东则京师，冠世为都。此寺颓则难为教，此教衰则难为冠。”从建筑目的来看，为了显示牛街礼拜寺为京师伊斯兰教寺院之冠，必须使寺建筑壮观昭华，“总之崇楼台者，不第壮观崇教也；映藻缋者，不第昭华映回辉也”。经过历代的重建、扩建，逐步达到“殿宇恢张”“经制愈宏，说者曰制无复加”的程度，最终使其建筑既深又阔且高嵩，唤拜之声既震又楚楚，成为规模宏大、影响深远的京城第一大清真寺。

2. 花市清真寺

花市清真寺始建于明朝永乐十三年（1415年），据说原为明朝开国元勋常遇春（回族）的府第，后改成清真寺。明、清两朝期间该寺多次重修，其中明朝崇祯元年（1628年）、清朝康熙四十一年（1702年）的重修规模较大。雍正七年（1729年），赐该寺御碑，并建碑亭一座。乾隆三十二年（1767年）因附近地区失火殃及该寺，再次重修该寺。光绪二十五年（1899年）又重修。寺内现存清朝康熙二年（1663年）裕亲王所书“清真”木匾，以及乾隆五十二年（1787年）御赐“真一无二”牌匾，分别悬于大殿敞厅两侧墙壁。寺内还有雍正七年（1729年）御赐碑，以及乾隆三十五年（1770年）《重修礼拜寺碑记》等碑刻。

花市清真寺

花市清真寺在近代历史上也曾留下浓重的一笔，辛亥革命后，宋教仁、蔡元培等人常在此议事，支持孙中山“五族共和”“振兴中华”的主张，反对袁世凯复辟。

（四）基督教在北京地区的发展及著名教堂

基督教是世界三大宗教之一，在漫长的历史发展过程中，形成了许多派别，主要有天主教、东正教、新教（基督教、耶稣教）等。从史料记载来看，基督宗教在中国建堂传教的历史是从唐朝开始的。古代基督宗教的聂斯托利派在中国唐代被称为景教，是最早传到中国的基督宗教教派。16 世纪时，天主教开始传入中国。

天主教和景教在北京建堂传教的历史可以追溯到元朝。自从元朝统治者入主中原在北京建都后，元大都便成为全国的政治中心，道教、佛教、伊斯兰教、基督教等源自不同区域的宗教都在大都找到了发展的机会与空间，并空前地繁荣起来。元朝统治者充分注意到宗教因素的重要性，对各种宗教采取一概容纳的政策。成吉思汗曾规定：一切宗教都应受到尊重，不得偏爱，而且对各教的传教士都应恭敬，并且要将其作为法令的一部分。当时元大都城内景教徒人数众多，而且“有漂亮而且虔诚地安排的教堂，有十字架和圣像，以尊奉上帝和圣灵”。北京房山区三盆山周口店车厂村景教十字寺就是由元代畏兀儿族人列班·扫马修建的，至今遗存的两通石碑碑文记载了当年元代重修景教十字寺的历史。石碑上刻有十字架，还刻有叙利亚文：“仰望之，将以之而获所愿”。十字寺虽然历尽沧桑，但是“古刹十字禅林”的名称仍然沿袭下来，这也是北京地区有历史遗存和文字可考的最早的教堂。此外，中国的第一座天主教圣堂也是在大都城内修建的。天主教和景教在元朝虽然受到保护和扶持，但其信徒基本上多是蒙古人与色目人，很少有中原民众参加，因此天主教和景教在北京地区及中国并没有更深入的发展。

到明代后期，由于利玛窦等人的努力，天主教在明代得到了最高统治者的认可，使其社会地位和传教条件都发生了很大的变化，同时也使天主教和教堂在元朝灭亡以后重新出现在中国的皇城内。现在的北京宣武门教堂（南堂）就是在利玛窦创建的小教堂的基础上逐渐发展起来的。

近代以来，基督教在北京地区取得了长足的发展，伴随着基督教在北京地区的传播，北京固有的城市文化增添了新的内容，逐渐形成了北京地区丰富多彩的教堂文化人文景观，打破了古老北京建筑文化固有的格局。

北京最著名的天主教堂建筑有：南堂——宣武门天主堂，东堂——王府井天主教堂，西堂——西直门天主堂，北堂——西什库教堂，以及南沟沿救主堂等。以下介绍其中三座教堂。

1. 南堂——宣武门天主堂

南堂是北京最古老的天主教堂，因近宣武门而称为宣武门教堂，与西什库教堂南北相对，因此又被称为南堂。明万历三十三年（1605 年），意大利传教士利玛窦在宣武门建礼拜寺，采取中国传统建筑风格以获得明代士大夫的接受。清顺治七年（1650 年），德籍耶稣会神父汤若望在利玛窦所建礼拜堂基址上修建南堂。两年后大堂建成，虽然是“按中国式样而造”，但里面的“堂牖器饰，如其国制”“内建亭池台榭，式仿西洋，极其工巧”。康熙五十九年（1720 年）京师地震，南堂被毁。康熙六十年（1721 年），费隐以葡萄牙国王斐迪南三世之款项第二次重建南堂，利博明修士为建筑师，建筑上采用当时欧洲盛行的巴洛克风格。“教堂内部，赖立柱行列，分教堂顶格为三部，各部作穹窿形，若三艘下覆之船身。”雍正八年（1730年）京师再次地震，南、北二天主教堂都被损坏，南堂第三次重建。乾隆四十年（1775年），南堂堂内发生火灾，建筑尽毁，又进行了第四次重建。重建后的新南堂，“其顶如中国卷棚式，而覆以瓦；正面止启一门，窗则设于东西两壁之巅”“其式准西洋为之。……其堂高数仞，凡三层，层层开窗，嵌以明瓦，渐高渐敛如覆舟形，圆而椭”（以上见《宸垣识略》）。可见，当时南堂风格仍为巴洛克式。1900年南堂再次被焚，1904年重修，基本形成现在的格局，有三进院子，中式风格的主入口内的第一进院里以圣母山为主，东院为教堂，西院是住房，此外还有天文台、藏书楼等。教堂正立面朝南，也不同于西方教堂东西向的布局，三个雄伟而不失细腻的拱门将入口装点得很有特点，外形为巴洛克式，室内则采用了罗马式的风格。总体来看，南堂的建筑始终注意吸纳、融入中国建筑风格，与西方的巴洛克风格等结合起来，形成中西合璧之风，从而成为北京地区最著名的天主教堂之一。

2. 北堂——西什库教堂

北堂原址在中南海湖畔蚕池口（今旧北京图书馆斜对面），1703年开堂。1886年，慈禧太后大规模修建西苑，将其划入苑中，因此与法公使签订了《迁堂条款》，商定迁到西什库重建，并拨银四十五万两。教堂迁到西什库后，称为“西什库教堂”，因与宣武门教堂相对而被称为北堂。北堂于1888年12月建成，

西什库天主教堂

1900年整修时加高一层，成为今日所见庄严秀丽的北堂。“北堂轮焕崇闳，可为中国第一。堂内之格局，乃照圣教会第十三世时起建大堂之式样而成。堂中明柱三十六楹，柱下础石皆汉白玉所成；柱顶俱镂菘菜叶形，玲珑可观。”“大堂后面，建有耶稣苦难小堂，计长五丈有余，与大堂相通，间以玲珑隔扇。”高高的尖塔、三个尖拱券入口及主跨正中圆形的玫瑰花窗，塑造出端庄而绮丽的立面，形成典型的哥特式风格。进入教堂，可以看到两座重檐歇山黄琉璃瓦顶的碑亭分立左右，并有灰砖、红色木门窗及红绿色油漆等典型的中国传统建筑元素。中西建筑风格巧妙地结合在一起，成为世界罕见的教堂建筑。北堂是北京天主教堂中最大的一座，也是哥特式教堂在北京地区的典型代表。

3. 南沟沿救主堂

南沟沿救主堂位于西城区佟麟阁路（旧名南沟沿），建于1907年，又称英利甘教堂、中华圣公会教堂，是当时中华圣公会华北教区的总堂，由主教史嘉乐（Charles Perry Scott）主持建造。南沟沿救主堂是北京最早的中国“宫殿式”教堂，教堂平面为十字形，保持了西方教堂坐东朝西的传统，教堂主体部分为两个硬山屋顶的大厅相互交叉，南北两侧廊做成单坡硬山顶，比中央部分低。中央部分上部做成侧窗，侧廊中部又各开一个侧门，高度和中央通廊平齐。屋顶十字交叉的地方，西方教堂往往设置尖塔，这里则改成两座八角形的亭子，并作为钟楼和天窗。教堂入口开在硬山山墙上，作成中国式住宅大门式样，外墙全用青砖，筒瓦顶。建筑内部用木柱，柱上用桁架支持屋顶。平面十字交叉处为祭坛，祭坛顶上的天窗做成八角藻井的样式，上面就是中式的重檐八角亭。

虽然南沟沿救主堂采用大量中国建筑的造型元素，但内部架构还是西方教堂的基本风格，可以说是一座外中内西、中西合璧的教堂建筑，很好地融入了北京传统建筑环境之中。

参考文献

1. 佟洵. 北京宗教文化研究. 北京：宗教文化出版社，2007.

2. 《建筑创作》杂志社. 走进北京寺庙. 天津：天津大学出版社，2008.

3. 董晓萍，吕敏. 北京内城寺庙碑刻志. 北京：国家图书馆出版社，2011.

4. 王南，胡介中，李路珂，袁琳. 北京古建筑地图. 北京：清华大学出版社，2012.

5. 张驭寰. 图解中国佛教建筑. 北京：当代中国出版社，2012.

6. ［明］刘侗，于奕正. 帝京景物略. 北京：北京古籍出版社，1980.

7. ［清］麟庆. 鸿雪因缘图记. 北京：北京古籍出版社，1984.

第四章　北京名胜与碑刻文化

一、碑与碑刻

石碑有着悠久的历史，是古代文明的记忆与传承。现在我们在北京的名胜景点看到的石碑，以寺庙、祠堂、园林与陵墓建筑群中为最多。碑的起源，最早要追溯到先秦时期。从实用性到纪念性，石碑经过了一个长期发展演变的过程。

早期的石碑是有实用价值与实际功能的。石碑所树立的场所不同，功能与作用也有区别。立于庙堂宫室中的石碑，主要的功能是通过太阳照射石碑形成的影子的位置来辨明阴阳，以确定时刻。《说文解字·石部》“碑”字下有清代学者段玉裁的注释：“《聘礼》郑（玄）注曰：‘宫必有碑，所以识日影，引阴阳也。’”意思是说在宫殿前的石碑主要用来确定时间。这种石碑还可用来拴祭祀的牲畜，《礼记·祭义》曰：“君牵牲……既入庙门，丽于碑。”《孔颖达疏》曰：“丽，系也。君牵牲入庙门，系著中庭碑也。”以石碑拴牲畜准备做祭品的做法后来一直延续，到明清时期尚存。北京的天坛、太庙等地方，神厨附近都设有碑亭，此碑即用来拴做祭品的牲畜。而立于庙堂门前的石碑则主要用来拴马，类似后来的拴马桩。立于坟墓旁边的石碑则主要用来拴绳索下棺，《礼记·丧大记》郑玄注：“树碑于圹之前后，以绋绕碑间之鹿卢，挽棺而下之。”刘熙《释名·释典艺》：“碑，被也。此本王葬时所设也。施其辘轳以绳被其上，以引棺也。”最初的时候，墓旁石碑下棺后也一起埋入土中，后来慢慢有所改变，石碑留在地面上，并将墓主人的姓名、事迹刻于石上，成为墓碑。在碑石刻写文字以表示纪念，应该是由此而发展扩大开来的。如刘熙所说：“臣子追述君父之功美以书其上，后人因焉。无故建于道陌之头，显见之处，名其文就，谓之碑也。”李约瑟等学者认为，中国古代在木质建筑之外，也有与西方相媲美的石质建筑，只不过中国的石质建筑有着截然不同的宗教功能，多为“丧葬建筑、碑碣和其他类型的纪念碑。”① 这跟石质给人耐久、坚硬的属性感觉有关。古人一直以来就有“镂之金石，传之久远”“人生非金石，岂能长寿考”等说法，说明古人普遍认为，金石是有限的生命无法企及的长久永固的物质，因此石碑等石质建筑在实用性之外，逐渐具有了永恒、长久的象征与寓意。建造石质纪念性建筑从东汉时期开始普遍盛行，碑碣是其中重要的形式。“汉代的石造纪念碑是其创造者社会生活与宗教生活的一部分。它们为人们的礼仪和政治活动提供了焦点，存储了人们共同的信仰以及特殊的关怀、抱负、愿望与记忆。”② 公开立碑意味着对碑主人的事迹、德行的正式认可，并意图使之获得公众的关注，为其带来身后的声誉与荣耀，正如《荀子》中所说：“其铭、诔、系世，敬传其名也。”碑文基于传名的目的而作，希望去世的亲友、同道声名恒久传颂。从行文风格来看，基本上借鉴史传文体，忠于事实，先介绍逝者名号、世系、学业、才德、履官、事功，最后往往以特定文辞风格的赞颂之词结尾。碑文遵循严格的既定规则，虽面向特定的用途，但却是一种正式、公开、具有社会性的特殊文本。在古代社会中，丧葬之礼是社会生活的中心，这一类碑石就逐渐成为表达私己感情与寄托政治期望的重要媒介，并一直得以延续。随着社会的发展，石碑的纪念性质被发扬光大，以至于后来在碑石上刻文纪事成为其主要功能。其他纪念性的石碑，如纪功碑、纪事碑等，拓展了碑的作用。

二、古代碑刻的精神属性与文化内涵

由先秦以来，碑可视可触的外在特性，比如形制、结构、质地、纹饰、碑文乃至树立地点等，都在不断变化之中。但碑的精神特质是一以贯之的，其永恒性与持久性、宏伟感与庄严感、静止的形态与肃穆的气质，不仅历经数千年而不变，更因历史的积淀而愈加深厚。

不同形制的碑有着相同的精神属性，传之后世，行之久远，突破时空的有

①② 巫鸿．中国古代艺术与建筑中的“纪念碑性”．上海：上海人民出版社，2009.

限性，体现无限无穷的文化蕴涵。纪功碑、神道碑等宏伟高大、复杂繁饰，普通墓碑方正质朴、纹饰简洁，形制虽有不同，但都传达出庄严、肃穆、悠远的气质。碑石既具现实的功能，更有面向未来的象征意义。巫鸿认为，“一座有功能的纪念碑，不管它的形状和质地如何，总要承担保存记忆、构造历史的功能，总力图使某位人物、某个事件或某种制度不朽，总要巩固某种社会关系或某个共同体的纽带，总要成为界定某个政治活动或礼制行为的中心，总要实现生者与死者的交通，或是现在和未来的联系。”① 确实如此，碑石的形制固然重要，但更值得关注的是碑的精神属性。碑刻的精神实质即是体现对永恒长久的追寻与崇拜，自古而皆然。秦始皇统一六国后，巡行天下，所到之处，往往刻石立碑，如琅琊台刻石、泰山刻石、峄山石刻等，其意即在于宣扬其统一天下的功劳业绩。东汉永元元年（89 年），窦宪大破匈奴军，命中护军班固作《封燕然山铭》，其辞曰：“铄王师兮征荒裔，剿凶虐兮截海外，夐其邈兮亘地界，封神丘兮建隆嵑，熙帝载兮振万世。”颂扬王师征伐蛮夷、翦灭外侮的伟大功业，目的即是刻石记功，将彪炳武功传之后世。而《晋书·杜预传》中记载西晋大将军杜预，将其平生功业刻于两石碑之上，“一沉万山之下，一立岘山之上，曰：‘焉知此后不为陵谷乎？’”其对功名不朽的追求可见一斑，而他的做法也是立碑刻石。在北京的国子监，我们能够看到平定朔漠告成太学碑、平定青海告成太学碑、平定大小金川告成太学碑、平定准噶尔告成太学碑、平定回部告成太学碑等巨大的石碑，向后人昭示、颂扬清朝历代帝王的文治武功。

古人讲“碑重如山”，碑体矗立挺拔，本身就有稳如山岳的象征意义，结合石碑台基及周边设置，整体突出于平地之上，更形成一种高大厚重、令人崇敬的感觉。比如明十三陵的圣德神功碑，高约十米，耸立如山，气势不凡，远远望去即有与帝王陵寝相合相称的高大宏伟之感。再如乾隆御制的《帝都篇》《皇都篇》碑，本来矗立于永定门外燕墩之上，据文献记载，“燕墩在永定门外半里许，官道西，恭立御碑台。恭勒御制《帝都篇》《皇都篇》。其制，甃砖为方台，高二丈许。北面西偏门一，以石为之。由门历阶而上数十级，至台顶，缭以周垣。碑立正中，形方而长，下刻诸神像，顶刻龙纹，面北恭镌御制《帝都篇》，面南恭镌御制《皇都篇》，均清、汉书。”② 高大的碑体建于本就高耸的燕墩之上，形成一种宏伟轩昂的气势，恰是京都皇皇壮哉的象征。总体来看，碑石挺拔屹立、高耸

---

① 巫鸿：中国古代艺术与建筑中的“纪念碑性”. 上海：上海人民出版社，2009：5.

② ［清］于敏中，等：钦定日下旧闻考. 卷九十. 北京：北京古籍出版社，2001：1520.

永定门外乾隆御碑燕敦碑

伟岸的刚正之气，历经风霜、剥落斑驳的沧桑历史痕迹，苍茫古朴、雄浑敦厚的书法艺术之美，以及螭龙碑首、灵龟负重的神圣与神秘，都会给人以视觉与心理上的壮美与崇高之感。

经历历史的沧桑后，石碑不再仅仅是简单的冰冷的物体，石碑与碑刻对名胜古迹的整体氛围形成了渲染与烘托，突出了古迹的特质与魅力，增添了古迹的文化内涵，给观览者以历史文化的熏陶与精神享受。在其发挥物质、精神作用的悠远广大的时空之内，石碑作为一种文化符号与意识载体，其背后的政治内涵、文化意义、社会背景更加值得我们重视，值得我们去探寻。

古人对古碑与废墟的特殊情怀与感喟，渊源已久。商有麦秀之叹，周有黍离之悲，废墟残垣带给文人的是穿越历史的孤独、悲慨的体验，同样的体验在面对古碑时也会油然而生。碑，作为立石，不仅是物质的存在，更是民族文化情感的传承。古人在解释碑字的时候，有采取声训的方法说："碑，悲也。"确实如此，时人、后人立于碑前，其名称、形制即给人情感上、精神上的或悲哀、或悲壮的触动。加之流传自古昔、前代的文字纹饰，社会文化意味即更加形象地凸显。即使残碑断片、残石断瓦，亦可给人以历史沧桑之感，触发人心中的感动。

古碑是历史的遗存，也是千秋功业的体现与见证，赋予山川胜迹以更丰富的文化内涵。王朝更迭，繁华不再，文人风流，犹有竟时，唯有古碑旧刻，虽残不废。后来者通过对石碑与碑刻的释读、体味，感悟历史之变迁、精神之传递，千载而下，却有惺惺相惜之感、一脉相通之叹。前朝与后代，先贤与后辈，经由古碑旧刻而命运绾合、神交冥会。后人理解古碑的前提之一是文化传承与积累；之二是凝思冥会，后人体会涵咏古代碑刻的过程也是将自己的人生感悟渗入其中的过程，是一个艺术再创造的过程。经由这样的再创造，古代碑刻的历史价值与精神意义就凸显出来。

三、北京的碑刻及其空间分布

北京是一座具有悠久历史和灿烂文化的世界名城，有三千余年的建城史，是辽、金、元、明、清五朝古都，有着无数珍贵的名胜古迹，积淀了丰富的文化遗产。在这些名胜古迹中，存留着大量的名人题咏、题字等文献材料，比如碑刻、楹联、诗词文章等，不仅传递着历史信息，显露出文人雅士的文才风流，而且丰富了古都北京的文化底蕴，成为北京传统文化中一道亮丽的风景。

北京地区的碑刻文化源远流长，从原始社会到商周时期已有石雕制品不断出土，汉代以后，石刻勃兴，连绵不绝，到元、明、清时代，由于作为政治中心的首善之区的独特地位，逐渐形成自身鲜明的特色。北京地区的石刻带有明显的帝都痕迹，规制较大，年代区分明显，等级分明。特别是明清时期的碑刻，造型高大、用材讲究、刻工精细，篆额、书丹、撰文、立石多为皇亲国戚、权贵名人，碑石气势恢宏，具有皇家气派，碑文也多为规制宏大、内容丰富的鸿篇巨制。

从数量来看，徐自强主编的《北京图书馆藏北京石刻拓片目录》，收录石刻6 340种，其中以清代石刻最多，有3 540种，主要有墓碑、墓志、庙宇碑、题名和题字碑、杂刻等，极为庞大。① 当然这并不是北京地区碑刻的全部，大量散落的及新近出土、发现的碑刻尚未著录在内，需要做进一步的补充著录。

北京地区碑刻文献的种类和内容极其广泛，从诰封、敕建、御笔、赞辞等铭刻各种典章制度的刻石，到大量佛寺道观、会馆庙宇的碑铭刻石，乃至房山云居寺大藏经、孔庙十三经等大规模刻石，比比皆是。从形式到内容，无不显示着北京作为文化古都的时代与地域特点。

具体来看，有体现封建王朝与帝王文治武功等政治性的纪念碑刻。比如国子监中康熙御制平定朔漠告成太学碑、雍正御制平定青海告成太学碑、乾隆御制平定大小金川告成太学碑、平定准噶尔告成太学碑、平定回部告成太学碑等巨幅碑文，体量巨大，规模恢弘，记录了清代以来康雍乾历代帝王文治武功的丰功伟业。尤其是乾隆御制平定大小金川告成太学碑，篇幅达数千字之多，对乾隆“十全武功”中二征金川的前因后果、平叛胜利的艰苦过程及皇上本人之功过做了全面评述，虽不无炫耀自矜，但同时也体现出开疆拓土的豪壮之气。京城人文汇聚，巍巍上庠内有大量劝学教化的碑刻，如国子监内有康熙、乾隆御制训饬士子文碑，乾隆六十年（1795年）刻立十三经碑碣，乾隆年间刻制周秦石鼓等。乾隆五年（1740年）十一月所立《御制训饬士子文碑》，在南学率性堂，其碑文中训饬太学士子及司训等官

---

① 徐自强．北京图书馆藏北京石刻拓片目录．北京：书目文献出版社，1994.

曰："成均课士之道，惟贵躬行实践，不在多立科条。如徒视为具文，虽再增条款，又复何补？是惟在国子诸生自知黾勉，则古称先务期明体达用之儒，勿役役于禄位功名之念。而司训课之责者，又复善为诱掖，切加劝惩，则辟雍钟鼓，教化聿兴，而珪璋特达之士，亦从此辈出矣。"谆谆教导、弘扬教化之心，溢于言表。立碑有旌扬、推崇之目的，尤其是帝王御笔亲题者，往往系于国家社稷之大体，代表皇帝、朝廷的统治意志，故今日所见山水胜迹之碑刻，许多最初并不纯为表达文人墨客的文化情怀与清雅情致，而是有着切近现实的政治意味。比如万寿山昆明湖碑碑阴所刻《万寿山昆明湖记》："岁己巳，考通惠河之源而勒碑于麦庄桥。元史所载，引白浮、瓮山诸泉云者，时皆湮没不可详。夫河渠，国家之人事也。浮漕利涉灌田，使涨有受而旱无虞，其在导泄有方而潴蓄不匮乎！是不宜听其淤阏泛滥而不治。因命就瓮山前，芟苇茭之丛杂，浚沙泥之隘塞，汇西湖之水，都为一区。经始之时，司事者咸以为新湖之廓与深两倍于旧，踟蹰虑水之不足。及湖成而水通，则汪洋漭沆，较旧倍盛，于是又虑夏秋汛涨或有疏虞。甚哉集事之难，可与乐成者以因循为得计，而古人良法美意，利足及民而中止不究者，皆是也。今之为闸为坝为涵洞，非所以待汛涨乎？非所以济沟塍乎？非所以启闭以时使东南顺轨以浮漕而利涉乎？昔之城河水不盈尺，今则三尺矣。昔之海甸无水田，今则水田日辟矣。顾予不以此矜其能而滋以惧。盖天下事必待一人积思劳虑，亲细务有弗辞，致众议有弗恤，而为之以侥幸有成焉，则其所得者必少而所失者亦多矣。此予所重慨夫集事之难也。湖既成，因赐名万寿山昆明湖，景仰放勋之迹，兼寓习武之意。得泉瓮山而易之曰万寿云者，则以今年恭逢皇太后六旬大庆，建延寿寺于山之阳故尔。寺别有记，兹特记湖之成，并元史所载泉源始末废兴所由云。"碑文关注河渠之利，强调成事之艰难，体现心系民生、心怀天下的天子圣德。

颐和园万寿山昆明湖碑

北京历史悠久，人杰地灵，因此现存有大量记录一时人杰、历代风物的碑刻，包括

故幽州书佐秦君神道石柱

历代帝王将相在内的著名人物的墓碑、神道碑、纪念碑，呈现恢弘帝京古都风貌的燕京八景碑、帝京碑，展现历代文人墨客文采风流的诗文碑刻等。现存最早的古代墓碑是1964年石景山永定河故道出土的“秦君神道柱”，柱额镌刻“汉故幽州书佐秦君之神道”隶书，形制古朴厚重。而明清以来帝王陵寝附近的石碑，无论是明十三陵，还是清东、西陵，规模气势非同一般，石质精良，刻工考究，更是古碑中的精品。除了皇家陵寝碑刻外，官吏、名人、太监、僧道甚至传教士等也在墓前立碑，比如明代著名思想家李卓吾墓碑，知名传教士利玛窦、汤若望、南怀仁、郎世宁墓碑，等等，使北京地区墓碑形成数量多、内容丰富的特点。

帝京古都，伽蓝林立，体现佛法庄严、弘道传教的宗教碑刻也极多。由于帝王的喜好、倡导，僧众、信徒也往往热衷建修寺观精舍，历代重建、增建不绝，往往叙文刻石，以存永久，从而使寺观碑刻成为北京地区名胜景点碑刻的一大门类，创建碑、重修碑、添建碑、宗派碑、捐资重建碑、香火碑、庙产四至碑、塔幢等，种类繁多，不一而足。从立石位置来看，寺庙石碑多立于殿堂之前，中轴线两侧。碑刻内容多记寺庙修建因缘，叙述历代兴废毁立，宣扬佛法广大，劝人广结善缘，并多刻结缘人名，斗米升谷，细大不弃，能从中看出古都宗教氛围之浓郁，亦可探知历代风俗民心之淳厚。

古代城市一直有着清晰的功能分区，北京作为古都，明清以来城市建设日趋完善，逐渐形成内城、南城、西山等不同的功能中心。北京地区现存的古代碑刻，从内容类型来看，与其空间分布颇为吻合。

（1）海淀地区明清以来是皇室园林汇聚之地，亦广布佛寺庙观，因此多见吟赏山水的石刻与佛寺碑刻。

西山为清代风景名胜之地，更是帝王皇室主要的游赏之地。西山地区的帝王石刻比比皆是，一碑一石，皆可见其文采风流、清雅之志。比如乾隆题璎珞岩石刻，刻于清音亭西水池上端石壁上，文曰：“横云馆之东，有泉侧出岩穴中，叠石如扆，泉漫流其间，倾者如注，散者如滴，如连珠，如缀旒，泛洒如雨，飞溅如雹。萦委翠壁，咔咔众响，如奏水乐。颜其亭曰清音，岩曰璎珞。亭之胜以耳

乾隆题璎珞岩石刻

受，岩之胜与目谋，澡濯神明，斯为最矣。滴滴更潺潺，琴音大地间。东阳原有乐，月面却无山。忘耳听云梵，栖心揖黛鬟。饮光如悟此，不复破微颜。”文笔细腻清丽，既有吟赏其中的闲情逸致，又表达沉浸物我之间的忘我情怀。另外还有嘉庆御题山行诗刻，刻于重翠崦西侧山石上，曰：“石浅新修辟，坦平榛莽嵘。山高云出回，径复马行徐。缓荫龙青嶂，清流汇碧渠。据鞍舒旷览，不觉口岩居。”道光御笔对瀑诗刻，刻于松坞云庄内“双清”石刻东南侧石壁上，曰：“何来匹练下云峰，洗出芙蓉拨黛浓。落日衔山晚风静，牖牕对处涤心胸。”诗句都可谓清新可喜。可见，以乾隆为代表的帝王将相、文人墨客喜欢附庸风雅、漫题山水，虽然后人多有亵渎风景之讥刺，但其学养识见和文人情怀也给山水名胜之地留下了丰富的文化印记，成为今天解读北京名胜文化不可忽略的一部分。

此外，明清以来留存的《永安寺记》《碧云寺碑》《宝相寺碑》《实胜寺碑》《梵香寺碑》《十方普觉寺碑》等佛寺碑记，反映各佛寺的沿革及历代兴建情形，见证了海淀西山地区佛寺繁盛的历史。虽然许多佛寺殿宇今已毁败凋零、香火不盛，但是这些碑记可以帮助我们了解当时的具体情形，尤其是清代碑记多为康熙、乾隆等皇帝御制，可以看出清代以来西山地区佛寺庙观在当时社会政治生活中的重要地位与影响。比如今天我们去西山卧佛寺，能够看到雍正御制十方普觉寺碑文，其文曰：“西山寿安有唐时古刹，以窣堵波为门，泉石清幽，层岩夹峙，乃入山第一胜境。寺在唐名兜率，后曰昭孝，曰洪庆，曰永安，实一寺也。中有栴檀香佛像二：其一相传唐贞观中造；其一则后人范铜为之；皆作偃卧相，横安宝床，俗称卧佛，见于纪载诗歌者屡矣。岁久颓圮，朕弟和硕怡贤亲王以无相悉檀，庀工修建；嗣王弘晈、弘晓继之，舍赀葺治。于是琳宫梵宇，丹雘焕然，遂为西山兰若之冠。”介绍卧佛寺的由来及他的弟弟和硕怡贤亲王重修寺庙的缘起，记录翔实而亲切。再比如，实胜寺本是香山地区的重要寺庙，同时又与清代特殊的军营建置健锐营颇有关联，后来废弃不闻。现存的《敕建实胜寺碑记》《实胜寺后记》等，记录了健锐营在第一次大小金川战争及平定大小和卓之战中的战功，《实胜寺诗刻》则记载了健锐营剿灭台湾林爽文起义的战功，现存石碑材质为汉白玉，碑体巨大，被称作“西山碑王”。这些碑文刻石已成为研究健锐营历史和清朝军制的珍贵史料，也反映出本来超脱世事的寺庙与现实政治之间特殊的密切关系。

御制实胜寺碑碑亭

（2）东城区是明清以来北京城政治文化的中心，有孔庙、国子监、雍和宫、天坛等著名古迹，留存了大量的有关国家政治、军事、教育、宗教等领域的文献资料。尤其是孔庙、国子监所存石碑和碑文为内城之冠，规制宏大，有突出的历史价值。其中基本完整保存下来的历代进士题名碑记录了元、明、清三代科举考试的题名进士及科举考试的相关资料，康熙、乾隆御制训饬士子文碑保存了历代太学制度的相关资料，平定朔漠告成太学碑、平定青海告成太

进士题名碑

学碑、平定大小金川告成太学碑、平定准噶尔告成太学碑、平定回部告成太学碑等巨幅碑文记录了清代以来历代帝王的文治武功，而十三经石刻、石鼓文石刻、乾隆御制说经文石刻等则是古代儒家主要经典的汇集与经学研究的重要文献资料，十三经刻石更是现存最为庞大的儒家经典刻石之一。孔庙和国子监的石刻碑文对于研究古代科举制度、古代学制、清代疆域开拓史、民族交往史、经学史等各领域，都有重要的文献价值。雍和宫是北京目前规模最大的藏传佛教寺院，有乾隆御制《雍和宫碑文》及《喇嘛说》碑文，以汉、藏、满、蒙四种文字书写，分刻于石碑之上，记述雍和宫宫改庙的历史渊源及清朝的宗教政策，对于今天研究清代政治史、宗教史有着重要的参考价值；《喇嘛说》碑文还见于《清实录》《乾隆御制文集》和《卫藏通志》等典籍，但据有关研究者考证，这些典籍所录的碑文大多有遗漏和讹舛之处，因此利用现存碑文对传世文献进行校核、考订就具有非常重要的价值。

清十三经刻石

（3）西城区的碑刻主要分布于北海、白云观、白塔寺、广济寺、历代帝王庙、陶然亭等处，既有记录殿宇庙观兴废重建的碑文石刻，又有描述景物风俗的诗文作品。比如北海碑刻文献中有大量的诗刻，主要是乾隆与群臣对玉瓮的酬唱吟咏之作，现存于北海团城内的玉瓮亭，亭内东、西、南、北四面横额刻有乾隆所作御制诗四首，亭柱上刻有四十八位内廷翰林大臣所作《应制咏玉瓮诗》，另外烟云尽态亭共刻乾隆御制七言律诗二十四首，承光殿内悬乾隆御作五七言诗匾额十三方，这些诗刻、诗匾为研究乾隆时代的诗歌创作特点，尤其是乾隆本人的诗歌特色，提供了一个非常集中、典型的样本。而引胜亭、涤蔼亭中分别立有乾隆御笔所书的《白塔山总记》与《白塔山四面记》，《白塔山总记》曰："京都于唐为范阳，于北宋为燕山，辽始称京，金、元、明因之。虽城郭宫市建置沿革时或不同，而答阳都会居天下之上游，俯寰中之北拱，诚万载不易之金汤也。宫殿屏扆则曰景山，西苑作镇则曰白塔山。白塔山者，金之琼华岛也。《北平图经》载辽时名曰瑶屿，或即其地。元至元时改为万岁山，或曰万寿山，至明时则互称之，或又谓之大山子。本朝曰白塔山者，以顺治年间建白塔于山顶。然考燕京而咏八景者，无不曰琼岛之春阴，故予于辛未年题碣山左，亦仍其旧，所为数典不忘之意耳。山四面皆有景，惜《春明梦余录》及《日下旧闻》所载广寒仁智之殿、玉虹金露之亭，其方隅曲折未能尽高下窈窕之致，使人一览若身步其地而目睹其概。盖地既博而境既幽，且禁苑森严，外人或偶一窥视，或得之传闻，其不能睹之切而记之详也亦宜。兹特界为四面，面各有记，如柳宗元之钴鉧、石城诸作，俾因文问景者若亲历其间，尝鼎一脔，足知全味云尔。”略述北京及白塔山名称之沿革与由来，是一篇短小精致、考订翔实的好文章。而《白塔山四面记》记白塔山四面布局、设置与美景，如“室之有高下，犹山之有曲折，水之有波澜。故水无波澜不致清，山无曲折不致灵，然室不能自为高下，故因山以构室者，其趣恒佳”云云，文笔尤其清丽。

北海引胜亭内的白塔山总记碑刻

此外，陶然亭的香冢铭文、鹦鹉冢铭文、江藻撰书的《陶然吟》引并跋、江皋撰书的《陶然亭记》、谭嗣同书的《城南思旧铭并序》等，都是情深词丽的佳作，文学价值犹为突出。比如江藻《陶然吟》引并跋：

“京城南隅有慈悲庵，居南厂之中。康熙乙亥岁，余以工部郎官监督厂事，公余清暇，登临览观，得至其地。庵不数楹，中供大士像，面西有陂地，多水草，极望清幽，无一点尘埃气，恍置身于山溪沼沚间，坐而乐之，时时往游焉。因构小轩于庵之西偏，偶忆白乐天有‘一醉一陶然’之句，余虽不饮酒，然从九衢尘土中来此，亦复有心醉者，遂颜曰‘陶然’，系之以诗。

“家世结庐江汉上，黄鹄矶头独来往。一朝作吏公乡邦，闽海滇云叹鞅掌。却辞五马入皇都，手版炉香画省趣。敢谓诗人例水部，欣当盛世分工虞。晨光到署荷同辈，清漏入朝联友于。心闲恒看紫塞雁，身勤惯听城头乌。荐达频加思效职，列厂纵横辨埏埴。庀材鸠工古所重，和土钧泥今倍力。纷剧宁教阻静便，聊寻丈室学安禅。绳床樱拂依初地，粥鼓钟鱼响梵天。每憩西偏意疏豁，遥峰爽气当吾前。帝城近抱若几案，方塘碧水森林泉。凭高俯瞰百里内，南山一带相钩连。于兹卜筑颇轩敞，风光澄淡景物妍。凿基列砌不数武，架楹复瓦期牢坚。结构虽微可乘兴，楣小署名陶然。自春徂夏频来此，伫立晴檐还隐几。蒹葭摇曳出人家，鸥鹭蹁跹下池水。凉宵千顷霁月明，霜天万灶寒烟起。三时眺望尽有得，老树寺门闲徙倚。绿野平泉总莫论，一丘一壑兹焉是。旅寓方当辇毂下，踯跌直在祇园里。诸公携酒肯经过，觞咏相将俱色喜。我生怀抱本陶然，坐卧其间亦足矣。九衢车马日纷驰，谁信鹪鹩寄一枝。他年纵与京尘远，尚想西山挂笏时。晴川江藻鱼依父稿。

“杜紫微诗云：‘九衢林马挝，千门织车辙。’故一入春明，便难得闲致。余弟鱼依，能以理南厂余暇，独事幽寻，遂至斯庵。既构小轩，又见之诗什，流连往复，不能自已。其胸中清旷绝尘，固所值之景使然，其性有所近也。一丘一壑，自谓过之，今乃为鱼依先得此胜赏矣。甲申春三月兄蘩跋。”

可以说是北京名胜碑刻中少有的情怀雅致的文字。

白云观是北京地区影响最大、香火最盛的道观，现存大量碑记、石刻，如明胡濙《白云观重修记》、明正德赵士贤《白云观重修碑》、刘郊祖《白云观重修碑》、顾颐寿《白云观重修碑》、清康熙王常月《重修白云观碑记》、清乾隆御制《重修白云观碑记》、民国徐世昌《白云观碑记》、当代李养正《重修白云观碑》等，记录了自唐代始建白云观以来经金、元、明、清以至当代，历代对白云观的兴修营建，通过文字可见白云观的悠久历史。白塔寺现存碑文中最早的是元初高僧如意祥迈于元世祖至元年间所撰的《圣旨特建释迦舍利灵通之塔碑文》，此文经宿白先生发现于《至元辨伪录》，记载了白塔兴建的缘起、时间、形制、塔内藏物及装藏人等丰富的内容，揭开了白塔寺的兴建之谜，由此可见历代碑文石刻材料对于北京历史文化研究之重要价值。

历代帝王庙作为国内唯一祭祀历代帝王的庙宇，现存四大碑亭，碑文有雍正

历代帝王庙碑亭

《御制历代帝王庙碑》、乾隆《御制重修历代帝王庙碑》、乾隆《祭历代帝王庙礼成恭记》及《历代帝王瞻礼诗》等，碑体高大，内容丰富。如雍正《御制历代帝王庙碑》所言："夫钦崇往哲，景企前徽，明德可怀，羹墙兴慕。眷流风之所被，洵历世而勿谖。若乃扩追远之鸿规，破拘墟之臆见，自非忠厚立心，宽仁为量，卓识超于千古，盛德冠于百王，未有能论及此者。典礼修明，有待今日。然则圣祖皇帝之重加厘定，公当周详，诚千万世莫及之仁心，而千万世不易之定论也。"阐述本朝崇祀历代帝王的政治意义。乾隆《御制重修历代帝王庙碑》提及："历代帝王之祀，其准古迁庙观德遗意，而推而放之者欤！《书》曰：'七世之庙，可以观德。'疏家以为世祧者迭迁，德盛者弗毁。盖就一朝为言。而《周礼》郑氏四类注称，三王、五帝、九皇、六十四氏咸祀之，《繁露》引为自近溯远之明证。斯正合食所权舆。然汉、魏以来，有司具仪，率求之肇迹建都，而不闻立庙。洎唐迄明，庙立而代以专祀开创为常，其制又缺焉未备。我皇祖圣祖仁皇帝康熙六十一年，敕谕礼官增祀，苟非失德失器，即蒙业守成者皆得与飨。我皇考世宗宪皇帝丕缵先型，详定位次，临御伊始，亲诣视成，著于奎文者綦悉。”缕述历代帝王庙祭祀礼仪的确定过程，无不反映封建帝王对于前代王朝历史的态度与认识，体现出我国统一多民族国家一脉相承的文化特点。这些碑文对于研究明清以来历代帝王祭祀的历史发展及祭祀体系都具有独特而重要的价值。

（4）北京其他地区重要的碑刻，有昌平地区的明十三陵、居庸关等处，房山的上方山兜率寺、云居寺等处，石景山地区的八大处、北惠济庙等处，以及丰台地区的卢沟桥、南惠济庙等处。

明十三陵现存主要碑刻中，《大明长陵神功圣德碑》是明成祖长子朱高炽所立，“惟我皇考祗奉北蕃二十余年，恭谨一心，急迫于危，殆不获以。以一城羸弱，当四方全盛之众。其志固在保国家、卫社稷，惟天惟祖宗实监佑之，此岂人力所能为哉。惟皇考靖难之绩，实配皇祖开创之功。而守文致理，充拓疆宇，才略之大，条理之密，又本之以尧舜文武之心。故勋业甚盛，是汉、唐、宋以来英君明主轶而过之远矣”，自然是以皇皇巨著来表彰其父之丰功伟业。值得重视的

大明长陵神功圣德碑

是清顺治时命明降清大学士金之俊所撰之《皇清敕建明崇祯帝碑记》，以及顺治御制之《王承恩墓碑文》《明司礼监太监王承恩碑》，在明清易代之际，显示出独特的历史意蕴。金之俊碑文曰："考史传所载，凡末季亡国之君，覆车之辙，崇祯帝并无一蹈焉，乃身殉宗社，不引天亡之言，亦綦烈矣。嗟乎伤哉！有君无臣，祸贻邦国，竟若斯哉！此明代往事之可为痛哭流涕者也。我皇上深用悯恻，而欲亟为之阐扬，是即孔子当年作《春秋》之心。褒贬出乎至公，瑕瑜毋令相掩，俾天下后世读明史者，咸知崇祯帝之失天下也，非失德之故，总由人臣谋国不忠所致。庶后之为人臣者悚然知所戒，为后之为人君者亦知慎于用人也已。然则煌煌睿谕，明乎制治，保邦勿玩小寇，而弭寇必以安民为本，安民则又以知人为本。此匪直昭一时之信史，实著万世之常经，盖永为君若臣民宝镜哉！"

顺治御制《王承恩墓碑文》曰："朕闻烈士殉名，赍志而殁。贞臣卫主，捐躯以从。自有明失驭，寇陷都城，怀宗皇帝敦国君死社稷之义，崩于石室。时有司礼监秉笔太监王承恩者，攀龙髯而矢志，甘雉经以从君。陪缢于旁，死而犹跽。呜呼！若承恩可谓事君有礼，不忘其忠者矣。夫人臣事主，无二厥心。为其易者与为其难者，途径若分，理道则一。人臣之怀有二心者，幸图苟免，甘心事仇。乃在平日侈读诗书高拥爵位之人。无论生无以为人，死无以为鬼，对若人其亦何地置足。朕歼除巨憝，用彰民彝。既礼葬怀宗皇帝于思陵，因赐承恩茔域一区，俾葬兆外，以从厥志，仍赐之香火田地，竖之穹石，使后世知艰危之际，内员中乃尚有忠烈而死如承恩者。"为亡国之君营建陵寝，已属旷世之典，开国之君又为前朝末代之主立碑，从历史的角度肯定崇祯的政绩及历史地位，并亲撰墓碑文表彰前朝忠勇之臣，对于前朝君臣的正面评价，既有收拢民心、稳定统治、鼓励臣民的现实考虑，也体现出清王朝积极进入正统的意识与策略。清朝君臣在明十三陵的碑文诗作中体现出的这种特殊的历史情愫，值得后人进一步的涵泳体会、深入思考。

居庸关是历代相沿的长城雄关与军事重地，《皇明敕修居庸关碑记》《居庸关重建真武庙碑记》《修建居庸玉皇庙记》等碑文，记载了居庸关修建的由来与历史发展，反映了其在北地边境防御中的重要地位："洪武元年，征虏大将军魏国公徐达，既定元都，遂城居庸而门其中，置兵守之。五年，建守御千户所；三十二年，所废。永乐元年，守以隆庆卫及隆庆左右凡三卫指挥使司，既而止存隆庆，余悉他调。正统十四年，虏寇犯京师，攻围关城甚急。守臣今都知监左少监潘成辈，率官军御却之。明年，成乃奉敕督兵增城，其南如旧者二，而通增其高厚，视旧加三之一，坚广过之。凡城之所置者，皆备其有。可通人马之处，则又弘用工力，悉令险峻如崖阱焉。其西缺处通水，自北而南，名为两河口者，悉备浚治。又令垒石为梁，以便东西往来，而限南北之势，遂皆悬绝于边鄙矣。”而《建罗公表忠祠记》则用以表彰纪念都御史罗通于正统十四年（1449年）十月，在也先、脱脱不花、阿剌知院进犯居庸关时，奋勇抗击、守关有功的事迹，所记翔实可靠，可补正史之缺漏，亦令后人推崇敬仰。

房山的碑刻与佛教关系密切。上方山《百咏南禅师塔记》撰于北齐年间，是此地最早的一篇僧人碑记。百咏南禅师赵广度是北魏末年至北齐末年禅宗高僧，碑文记载了他的生平与弘法经历，是研究上方山佛教文化最早、最珍贵的史料。除此之外，《拙崖篮和尚塔记》是唐代塔记，《六聘山天开寺忏悔上人坟塔记》则是辽代塔记，另外还有许多近代的塔记、经幢等。这些文献反映了自东魏、隋唐以来到辽金时代上方山地区的佛教文化传承沿革，时代较早，史料价值极大。而云居寺以其规模庞大、影响极大的佛教石经，更是在中国古代石刻史上占据着极为重要的历史地位。云居寺石经，是从隋代至明末绵延千年不断雕制积累的石刻宝库。据统计，石经山九个洞内和洞外共藏石经1.4万余块。这些佛教经碑，对于校勘木刻佛经版本的错讹，是宝贵的实物依据。有些刻经题记还保存有唐代幽州、涿州地区的行会名称，以及历代的政治、社会、经济情况，有着极高的史料价值，同时也是研究古代金石、书法艺术发展的重要资料。

八大处现存的石刻文献，以记载佛寺庙宇的兴建、重建的碑刻为主。比如大悲寺有明世宗嘉靖二十九年（1550年）所立石碑，上刻建寺经过：“今隐寂寺者，在都城之西，其地直圆，通翠微之界，山势至此，冈陇盘回，风气郁积，有树木泉源之胜。四方云水缁流，多集其间，寺后有余地，遂起为大悲阁。”另外，香界寺现存有乾隆十四年（1749年）重修该寺碑，碑阳刻康熙十七年（1678年）《御制圣感寺碑文》，碑阴刻乾隆《御制香界寺碑文》，也是后人研究、了解佛寺缘起、兴建、重修过程的重要文献资料，是此地佛教繁荣、香火相传的具体体现。

乾隆十四年重修圣感寺（香界寺）所立碑

南北惠济庙与卢沟桥地区的碑刻则主要提供了古代政府重视河道水利的重要文献资料。从现存的《雍正御制北惠济庙碑文》《乾隆御制阅永定河堤因示直隶总督方观承诗碑》《康熙御制南惠济庙碑文》《乾隆御制安流广惠永定河神庙碑文》等可以看出，清朝历代皇帝对于永定河等河流水患治理之重视，如康熙所言“朕劳心万民，于农田水利诸务常切讲求”。另外，乾隆二十年（1755 年）《御制阅永定河诗》中讲得就更清楚明白：“永定本无定，竹箭激浊湍。长源来塞外，两山束其间。挟沙下且驶，不致为灾患。一过卢沟桥，平衍渐就宽。散漫任所流，停沙每成山。其流复他徙，自古称桑乾。所以疏剔方，不见纪冬官。一水麦虽成，亦时灾大田。因之创筑堤，圣人哀民艰。行水属之淀，荡漾归清川。其初非不佳，无奈历多年。河底日以高，堤墙日以穿。无已改下流，至今凡三迁。前岁所迁口，复叹门限然。大吏请予视，蒿目徒忧煎。我无禹之能，况禹未治旃。讵云其可再，不过为补偏。下口依汝移，目下庶且延。复古事更张，寻思有所难。”历史变迁至今，永定河因上游官厅水库等工程的建设基本不再有洪水之患，正应了其“永定”之名，但近年来中上游水源减少，曾经的北京母亲河逐渐退出京城水源地，思之不禁令人心生浩叹。

四、北京碑刻的历史文化价值

石碑刻文记事、记人，纪念是其基本属性，其内容有记载历史之价值。宋人赵明诚《金石录》云：“史牒出于后人之手，不能无失；而刻词当时所立，可信不疑。”从宋代以来，金石学在我国已有悠久的发展历史，著录宏富，蔚为大观。因为材质的原因，石碑能存之久远，保留了一些为正史所无的文献资料。今天看来，这些碑刻材料内容丰富，确有极高的历史价值。北京地区石碑与碑刻极为丰富，价值突出，亦有裨于明清政治、社会生活史的研究，可以纠史书之谬误，补载籍之缺佚。

（一）有补史书之缺

留存的北京历代碑刻，内容丰富，可补充北京历史文献之不足，足以考订史事、证明史实。

北京法源寺古称悯忠寺，是古都名刹，寺内有沙门南叙《重藏舍利记》碑，刻于唐昭宗景福元年（892 年）十二月八日。碑文叙述悯忠寺重藏舍利前后缘由与过程，自隋仁寿二年（602 年）幽州节制窦抗造五层大木塔，藏舍利于其下，后历经唐代文宗、宣宗、僖宗等佛塔之废兴，至唐昭宗景福元年（892 年）重藏舍利一事的前后经过，反映出悯忠寺的兴落盛衰，以及与历代统治者崇佛、斥佛及一时治乱的关系。其中一段记载：“大燕城内，地东南隅，有悯忠寺，门临康衢”，也是考证唐代幽州蓟城城址方位的重要依据。对于研究北京建城历史、北京佛教史，乃至具体到法源寺的历史，都有突出的史料价值。

元人姚燧有《大元朝列大夫骑都尉弘农伯杨公神道碑》，所记杨公名琼，石工出身，因技艺绝伦，为忽必烈所赞赏，命其“管领燕南诸路石匠”“建两都宫殿及城郭诸营造”，后又“领大都等处山场石局总管”，在元大都的建造过程中做出了巨大贡献，被封为弘农伯。杨琼之事迹不见于正史，碑文能够补史书之缺。此碑虽然不存于北京，但对于今人研究北京城的建城历史，颇有史料参考价值。

清朝以来，北京地区产生了大量的满族碑刻，包括刻石、碑碣、墓碑、摩崖，内容涉及八旗制度与满汉旗民的诸多方面，其中宗室王公的诰封碑、墓志数量很多，集中反映贵族、官员的身世与政绩，有许多可补史书文献记载之缺失。比如顺治八年（1651 年）肃亲王和格（豪格）诰封碑、康熙十一年（1672 年）礼亲王代善墓碑及豫郡王多铎墓碑等，在研究清朝宗室王公历史时，都有重要的参考价值。因为有些碑文虽被收入了《清实录》等官修史书，但撰修者基于种种考虑，大都对碑文加以修改或剪裁。今天的研究者对照碑刻原文，有助于恢复历史原貌。研究者发现，皇太极长子肃亲王豪格为争夺皇位与睿亲王多尔衮结怨甚深，顺治五年（1648 年）被摄政的多尔衮捏造罪名幽系而卒于狱中。顺治八年（1651 年）福临亲政后，为豪格昭雪，恢复王爵，立碑表彰。碑刻原文曰：“值墨儿根王（即睿王）专政，诬捏事端而拘禁之，遂而自终。”明确记载豪格是自尽而死的，而《世祖实录》卷五九录碑文则曰：“值睿王专政启衅，逮加以罪名，辄行拘系，抑勒致死。”官修史书的说法模棱两可。这些记载，对于后人了解清代历史是大有帮助的。①

北京现存有关伊斯兰教的碑文数量也较多，比如牛街礼拜寺明弘治九年（1496 年）《敕赐礼拜寺碑记》及《敕赐礼拜寺增修碑记》、明万历四十一年（1613 年）《敕赐礼拜寺重修碑记》、清乾隆四十六年（1781 年）《古教西来历代建寺源流碑文总序略》，东西寺约明正统十三年（1448 年）《敕赐清真寺兴造碑记》，阜外三里河寺明天启四年（1624 年）《重修清真寺碑记》，通州清真大寺明正德十四年（1519 年）《重修朝真寺记》，昌平城内寺明万历四十四年（1616 年）《重建礼拜寺碑记》，等等。这些碑记是研究北京地区主要清真寺历史、建筑风格、掌教制度等的第一手材料，可以补充其他史书文献记载的不足。

此外，国子监所存的明清以来进士题名碑，对于古代科举文化、社会阶层流

---

① 刘小萌．北京地区碑刻中的旗人史料．文献，2001（3）．

动等方面的研究，也极具史料价值，近年来已得到历史学学者越来越多的关注。

（二）反映民族融合

北京为辽、金、元、明、清五朝建都之地，对各民族文化采取包容兼蓄的态度。北京文化的这一特点在碑刻中也有直接的反映，既有许多多民族文字碑刻，也有丰富的满文等单一民族文字碑刻，与数量庞大的汉文碑刻共存，形成北京碑刻的多元文化特色。

北京现存的多民族文字碑刻主要是满、汉、蒙、藏四体文字合璧碑刻。著名的有资福院碑、雍和宫碑、实胜寺碑、实胜寺后记碑、香山碧云寺金刚宝座塔碑、万寿寺碑、白塔山总记碑、喇嘛说碑、重修正觉寺碑等。这些碑刻之所以采取四体文字，有的是立碑缘由及碑刻内容确实与各民族有关，有的是事关重大需要彰显其重要性，还有的是要着意体现皇帝和合各族的圣德。

比如实胜寺碑，是清高宗乾隆为征金川而亲撰的碑文。从碑文内容来看，主要记述了实胜寺修建缘由，并记述了健锐营的设立。乾隆十二年（1747 年）清朝政府为征金川，在京郊香山设石碉以练兵，在石碉旁“就旧有寺新之，易其名曰‘实胜’，夫已司之艺不可废，已奏之绩不可忘，于是合成功之旅立为健锐云梯营，并于寺之左右建屋居之。”而《实胜寺后记碑》是乾隆在平定准噶尔回部后亲撰的碑文，主要记述在平定准噶尔回部之战役中“（实胜）寺左近健锐云梯营实居之营之兵是役效力为尤多，故不可不旌其前劳以劝后进”，对健锐营的功绩褒扬有加。前者为征金川，后者为平定准噶尔，都是乾隆自诩的十全武功之一，故两碑皆以四体合璧形式镌刻立碑，主旨在于宣扬乾隆平定叛乱、统一国家的彪炳功业，以期为各族民众所谨记、颂扬。

雍和宫《喇嘛说》碑，立于乾隆五十七年（1792 年），为方形石碑，四面分别刻满、汉、蒙、藏四种文字。碑文为乾隆御制，而汉字碑文更是乾隆御笔工整楷书。此为清高宗亲撰之宣示对喇嘛教政策的碑记，考述“喇嘛”之由来：“佛法始自天竺，东流而至西番（即唐古特部，其地曰三藏），其番僧又相传称为喇嘛。喇嘛之字，《汉书》不载，元明史中，或讹书为喇马（陶宗仪《辍耕录》载，元明称帝师为刺马。毛奇龄《明武宗外纪》又作刺麻，皆系随意对音，故其字不同。），予细思其义，盖西番语，谓上曰喇，谓无曰嘛，喇嘛者，谓无上，即汉语称僧为上人之意耳。”主要记述了清朝政府为治理蒙、藏问题，实施“兴黄教，以安众蒙古”和“安藏辑藩，定国家清平之基于永久”的政治方略，尤其针对藏传佛教活佛转世中的诸多弊端所带来的严重危害，进而确立革新之法——“金瓶掣签”制度，是清王朝在处理藏蒙宗教问题上的一篇重要文献。

这些碑刻资料，体现出清代多民族文化的融合与交流，不仅对研究历史上藏、蒙、满族等与汉族的文化交流和民族文化关系问题有重要的资料价值，而且对于探讨这些民族文化发展传播及其影响也有重要的学术价值。

（三）体现中外文化交流

北京长期处于国家统治的中心，也是中外文化交流融会之地，现存碑刻中有大量的中外文化交流、交融的史料。

比如牛街礼拜寺的阿拉伯文石刻。礼拜寺礼拜殿大殿外，有南北碑亭两座。南碑亭是明弘治九年（1496 年）重修礼拜寺后所建，碑文《敕赐礼拜寺碑记》原用汉、阿两种文字刻成，现已剥落不清。北碑亭建于明弘治九年（1496 年），内立有明万历四年（1613 年）所刻“名垂青史”碑，碑文为《敕赐清真寺重建记》。礼拜寺东南跨院内有两座筛海坟，是元朝初年从阿拉伯国家前来讲学的伊斯兰长老之墓。墓碑镌刻古体阿拉伯文字，苍劲有力，年代久远，为国内少有的文物。学者根据墓石译文及换算年代，考订两座筛海坟中西首的阿哈默德·布尔塔尼，葬于至元十七年（1280 年）八月，推断礼拜寺应早在至元十七年以前即已落成，很可能是在阿合马掌权时期兴建起来的。而两位筛海，有可能是礼拜寺落成后的两位掌教，先后逝世于此而葬于寺之东南跨院的。这两块阿拉伯文墓碑，以及用汉文、阿拉伯文两种文字所刻的《敕赐礼拜寺记》碑，是研究伊斯兰教历史及中国与阿拉伯世界文化交流的重要实物资料。

牛街礼拜寺碑亭

明清以来，传教士进入中国，一方面弘扬教义，另一方面也带来先进的科学知识，中西文化开始交流碰撞。北京作为都城，自然也是传教士开展传教活动的重心所在，许多传教士最终也终老于斯。北京石刻艺术博物馆现存传教士墓碑 40 通，从清初来华的张诚、白晋一直到清朝末年的罗亚历山，这些墓碑可以说是中西文化交流的生动体现。

传教士墓碑一方面入乡随俗，采取中国传统的石碑形式，碑首多在正面雕双龙戏珠，碑身、碑座也加入了丰富的中国元素与中国文化印记。比如神父巴德尼的墓碑碑座，四面均为花卉，分别为牡丹、荷花、菊花和梅花，并采用高浮雕的技巧，使其富有极强的立体感，对花朵、叶面的雕刻非常精细，有一种富于生命的表现力，而侧面的梅花更是雕刻得栩栩如生，疏密相间、极富质感的枝干上，精心排列着数朵盛开的梅花，显得清新、高雅、生动、俏丽，构成了一幅精美的中国画。另一方面，这些墓碑仍然保留了部分欧洲文化传统。比如从形制上看，传教士墓碑的造型与工艺都不同于中国传统墓碑的精良细致，显得简单朴实，碑身纹饰以云纹和植物花草纹居多，这一点显然与其信仰和文化背景有关。另外，中国传统碑文多用楷书或隶书书丹，从撰写格式上看，首先是碑题，然后是撰碑者的官职、姓氏，书丹者的官职、姓氏，之后是碑之正文。碑文中除写明逝者的官职、籍贯、生卒年月之外，多有歌功颂德之词。传教士墓碑则有不同，多数碑文都用仿宋体和拉丁文印刷体刻写，可能源于欧洲镌刻碑文的习惯。碑文内容也只写了墓主人的姓氏、国籍、入会年龄、来华时间和生卒年等，非常简单。如著名神父张诚的碑文："耶稣会士张先生讳诚，号实斋，泰西拂郎济亚国人，缘慕精修，弃家遗世。于康熙二十六年丁卯东来中华传天主圣教，至康熙四十六年丁亥二月二十二日卒于顺天府，年五十三岁。在会三十七年，葬于阜成门外。雍正十三年三月初五日迁于正福寺坻。"① 从遗存的传教士墓碑可以看出，传教士碑刻与中国传统碑刻的联系与区别，既体现出中西文化的交流、融合，也显示出中西文化及信仰的差异。这些碑刻材料记录了清朝以来中西文化交流与文化冲突的历史，见证了中西两种文化交流的艰难过程，有着非常重要的文化内涵。

耶稣会士张诚墓碑

① 王宏辉．正福寺传教士墓碑形制浅析．北京文博，2006（4）．

(四) 反映经济社会发展状况

北京作为古代社会后期的统治中心，是四方辐辏之地，明清以来士商云集、会馆林立，商业文化极一时之盛。工商业者为了规范行业发展，加强行业内商户的联系，形成行业影响力，逐渐成立具有行会性质的会馆、公所或公会。以清末为例，北京共有会馆四百余处，其中绝大部分为士人应试候选的居停之所，是同乡人的“试馆”；属于工商业者的会馆（包括公所、公会），有五十余处，时称“行馆”。这些会馆的设置，在当时的社会生活中有着不容忽视的作用。北京会馆、公会中所立碑石，内容多为介绍成立沿革、行业源流及订立同业行规等，大多附有同行捐款情况及姓氏。从中可以清晰地看出北京工商会馆的兴衰与嬗变，可见当时工商业发展之状况、行业形态及商业文化与精神。

据山西平遥颜料会馆等处的碑刻记载，自明代中叶起，北京就出现了商人会馆。康、雍两朝，渐有增加的趋势，还出现了突破地域观念、按行业组织起来的商人会馆，如皮箱公会、西金行等。北京各会馆的缘起、宗旨及在不同时期的作用不尽相同，但基本不出崇祀神明、敦睦乡谊、兴办义举、襄助经营四个方面，所谓沟通天人、维系人伦。鸦片战争后，北京的工商业有较大发展，光绪三十年（1904 年）清政府农工商部奉旨创办“京师商务总会”，各行各业便利用一些会馆成立同业公会，如采面同业公会、芝麻油业公会等，虽然其作用与商人自发筹建的会馆已有不同，但在社会经济生活中仍然起着非常重要的作用。

1921 年所立《整容行公益会碑》（藏于北京石刻艺术博物馆），“整容之业，由来旧矣。自前清……有整容店之设，及民国改为剪发，又易名理发店……发之为物虽小，而所关实大，稽之往古，于婚则曰结发……于僧则为削发，莫不为礼制……”可见当时的社会风俗，以及行业发展之情形。行会组织对于本行业的约束，以及从业者的行业认同各不相同，近代的各行各业往往都有行会，也多有行会碑刻。这种立碑的仪式感，是后来及今日所不具备的。古人讲敬忠其事，行业崇拜对于行业的发展是具有积极意义的。

从所存留的北京碑刻来看，行会所立数量很多。比如原立于西城区鼓楼大街大觉寺的《传膳音乐圣会碑》，立于清乾隆三十二年（1767 年），碑文曰：“稽古三皇，厥名伶伦，虞廷击附，夔赞厥功。其后历代相传，或执事于朝，或散处于野，精通律吕以成圣成仙者，不可屈指而计。然是道也，上通天地，幽达鬼神，和人物之情，宣阴阳之气。设非有总摄之权使之归于一致，保无散乱披靡不可经纪者乎。而至今八音粲然，六律昭然，无一毫之零乱。后之从事于斯者，不啻有灵焉。助其心思，引其才力，启其聪明。万里有同音之美，百代无殊韵之疵。一道同风，与世俱永。比奉为音乐祖师，其灵感所佑，至孚至广，允矣其功，讵不伟哉？虽与伦夔并隆享祀，宁或有议之者欤?”同样立于大觉寺的《药王圣前公议传膳老会感恩报德众善诚碣谢记》碑，于乾隆四十四年（1779 年）立，碑文为内阁尚书于敏中所撰，其碑文曰：“自炎帝味草木之性，作方书以疗民疾，而医道立焉。继此则岐伯内经、巫咸鸿术，其书既传，使天下后世得药物之效而人多寿考者，圣人之功也。厥后饮上池之水，抄肘后之方，代有传人未可更。仆以数考周礼，医师所属有疾病医，而其等分上中下。信哉！医之道良不易，而活人之功当知所自也。方今圣人御宇，民物滋丰，登一世于春台，跻群生于寿域，系古圣时，海内平康，民无疾病夭札。兹何幸！仰承覆育，食德饮和，寒暑不为灾，阴阳不为害。夫非帝力之普存，而即神功之默相耶。爰兴嘉会，敬献香花，众心罔斁，用修故事，勒石镌名，并俾踵事者知所遵循云尔。”这些碑刻大多追溯本行本会之源流，树立碑石是为弘扬传统，以张大其行、其会之影响力、地位及价值。故前者颂音乐之功，后者溯医药之源，用意即在于此。

明清以来，北京城的发展日新月异，其间历经战乱与灾难，许多建筑、胜迹已经不复存在，但古都昔日的荣光、过往的繁华，仍可通过历史记载、遗迹存留得窥一二，而散落京城的古碑与碑刻，大多是历史上北京城中重要的政治、文化遗迹，记录着重要的历史事件、历史人物、典章制度与文化活动，不仅是历史存在的见证者，更是探绎历史、想象过去的重要载体。这些丰厚的历史文化遗产可以整合为巨大的文化发展资源，为首都的国家文化中心建设奠定了坚实的基础，有助于促进首都文化事业的大发展与大繁荣。

参考文献

1. ［清］于敏中，等. 日下旧闻考. 北京：北京古籍出版社，2001.

2. 徐自强. 北京图书馆藏北京石刻拓片目录. 北京：书目文献出版社，1994.

3. 北京图书馆金石组. 北京图书馆藏中国历代石刻拓本汇编. 郑州：中州古籍出版社，1990.

4. 董晓萍，吕敏. 北京内城寺庙碑刻志. 北京：国家图书馆出版社，2011.

5. 巫鸿. 中国古代艺术与建筑中的“纪念碑性”. 上海：上海人民出版社，2009.

6. 蔡美彪. 元代白话碑集录. 北京：科学出版社，1955.

7. 荣新江. 隋唐长安：性别、记忆及其他. 上海：复旦大学出版社，2010.

8. 李华. 明清以来北京工商会馆碑刻选编. 北京：文物出版社，1980.

9. 金其桢. 中国碑文化. 重庆：重庆出版社，2002.

10. 北京市政协文史资料委员会. 北京文史资料精选. 北京：北京出版社，2006.

11. 王炜，袁碧荣. 金石记忆：碑刻铭文里的老北京. 北京：学苑出版社，2008.

第五章　北京名胜与楹联文化

一、名胜楹联概说

楹联，又叫对子、对联、楹帖、联语，是中华民族特有的一种体制短小、文字精练、历史悠久、雅俗共赏的传统文学形式。

楹联作为一种独特的艺术形式，是我国各地的名胜古迹中最直观的文化景象之一，多悬挂、嵌缀或雕刻在风景胜迹（如山崖水畔、园林、寺观、宫廷、宅院、祠宇、馆所、书院等）的楼、台、亭、阁、殿、堂、轩、榭、廊、厅、室等的楹柱、门户、墙壁或摩崖石壁上，体现出丰富的文化内涵。

楹联的起源与发展主要经历了四个阶段：从先秦到唐代是楹联的孕育时期；五代是楹联的初现时期；宋元是楹联的发展时期；明清以来是楹联的鼎盛时期。

秦汉以前，民间过年已经有了悬挂桃符的习俗，将传说中的降鬼之神“神荼”和“郁垒”的名字，分别书写在两块桃木板上，悬挂于左右门上来驱鬼压邪。这种习俗一直延续了一千多年。

隋唐时代，随着格律诗的成熟，诗人们对对句倾注了相当的热情，逐渐形成“摘句欣赏评品”的风气。比如骆宾王的“楼观沧海日，门对浙江潮”，李白的“三山半落青天外，二水中分白鹭洲”，杜甫的“三顾频烦天下事，两朝开济老臣心”，等等，这些都是脍炙人口的著名对句，同时也可以看作描写风景名胜古迹的名联。在诗人们的积极参与下，楹联艺术基本孕育成熟。

莫高窟藏经洞出土的敦煌遗书（卷号为斯坦因 0610 号）上记载了世界上最早的十二副在岁日、立春日所写的春联。排列序位中的第一副是“三阳始布，四序初开”，撰联人为唐人刘丘子，作于唐玄宗开元十一年（723 年）。

五代时，人们开始在桃木板上题写联语。原来驱魔除鬼的字牌，就变成一种可以用来表达某种主题思想与情感观点的特殊文体。因为多用于春节，表达人们除旧迎新的喜悦与期盼，所以往往被称为春联。据《宋史·蜀世家》记载，五代后蜀君主孟昶所撰“新年纳余庆，嘉节号长春”，是史书记载中最早出现的一副春联。由于春联的出现和桃符有密切的关系，所以古人又称春联为“桃符”。

到宋元时代，楹联的应用范围逐渐扩大。不仅在春节，友人之间的日常交际也经常用到楹联，建筑物上张贴、悬挂楹联也成为习惯。王安石《元日》一诗中写道：“千家万户曈曈日，总把新桃换旧符。”赵庚夫《除夕即事》诗也说：“桃符诗句好，恐动往来人。”这说明在当时楹联已经被广泛使用，作者已不在少数。题联的范围也有所扩展，楹联已普遍成为亭台楼榭、寺庙观院等名胜古迹不可缺少的文化装饰品。宋代著名的文人苏轼、王安石和朱熹等都写过不少楹联。苏轼为广州真武庙题联“逞披发仗剑威风，仙佛焉耳矣；有降龙伏虎手段，龟蛇云乎哉”，僧人契盈为黄浦江碧波亭题联“三千里外一条水，十二时中两度潮”，朱熹为福建漳州开元寺书舍所题联“鸟识玄机，衔将春来花上弄；鱼穿地脉，挹将月向水边吞”，都是联语、意境俱佳的山水名胜楹联。

到了元代，楹联的创作较之前朝显得冷落，流传下来的作品不多。赵孟頫题西湖灵隐寺联：“龙涧风回，万壑松涛连海气；鹫峰云敛，千年桂月印湖光。”紧扣灵隐寺的环境与氛围，题旨明确，气象不凡，体现出很高的艺术成就。

明清时代是楹联发展的鼎盛期。明代上至君王将相，下至普通文人，都喜欢撰写楹联，出现了不少脍炙人口的名联佳对。明太祖朱元璋非常喜欢撰写楹联，下诏要求家家户户在春节时张贴春联，这极大地推动了楹联的发展。后来，解缙、祝允明、文徵明、唐伯虎等江南才子，撰作了大量语言精妙、意旨深远且颇有意趣的楹联，把楹联创作推向了又一个新的高潮。

清代则出现了郑板桥、纪晓岚、何绍基、梁章钜、彭玉麟、林则徐、张之洞、谭嗣同、章太炎、康有为、梁启超等一批撰联高手。清代的楹联在数量、质量和种类上，也都超过了前代。文人学士以楹联赠答，用楹联做文字游戏，表达的个人情怀襟抱，成为一时风尚，楹联文化已成为社会生活的重要组成部分。楹联的撰作范围逐渐扩大，凡是记述、抒情、议论都可入联，还出现了前所未有的长联形式，比如孙髯翁所撰昆明大观楼联开历史长联之先河，被誉为“古今第一长联”。

昆明大观楼对联

上联是：五百里滇池，奔来眼底。披襟岸帻，喜茫茫空阔无边。看东骧神骏；西翥灵仪；北走蜿蜒；南翔缟素。高人韵士，何妨选胜登临。趁蟹屿螺洲，梳裹就风鬟雾鬓。更频天苇地，点缀些翠羽丹霞。莫孤负：四周香稻；万顷晴沙；九夏芙蓉；三春杨柳。

下联是：数千年往事，注到心头。把酒凌虚，叹滚滚英雄谁在。想汉习楼船；唐标铁柱；宋挥玉斧；元跨革囊。伟烈丰功，费尽移山心力。尽珠帘画栋，卷不及暮雨朝云。便断碣残碑，都付与苍烟落照。只赢得：几杵疏钟；半江渔火；两行秋雁；一枕清霜。此联写景气势宏伟，抒怀情感澎湃，气势大开大合，写尽滇池一带秀丽壮美的景色与历史沧桑之感。

而清人钟云舫的“拟题江津临江楼联”，更是长达 1 612 字，是迄今为止最长的楹联，近似一篇波澜壮阔、气象万千的雄文，只是因为篇幅过长而无法悬挂。这些楹联都已成为名胜古迹中特别的文化景观。

二、北京的名胜古迹楹联

北京是一座具有悠久历史和灿烂文化的世界名城，是辽、金、元、明、清五朝古都，历经沧桑，有着丰富的文化遗产，积淀了无数珍贵的名胜古迹。楹联作为中华民族一种独特的艺术形式，则是名胜古迹里最直观的文化现象。明清是我国楹联文化发展的一个高峰，产生了大量的楹联作品。北京作为明清两朝都城，文化繁荣，文人云集，且君臣都热衷于撰联，因此也有较多的作品存世。顾平旦等编《北京名胜楹联》，收入一千一百多副。据不完全统计，仅仅在故宫中，现存的对联就有一百二十多副。

北京地区的名胜古迹楹联不仅数量较多、艺术性高，而且具有鲜明的古都特色。总体来讲，北京地区的名胜古迹楹联比较大气，文化积淀较深，具有鲜明而独特的皇家色彩，能够体现出帝王之都的厚重和历史感，题写者多为帝王与高官，有较深的文化底蕴。尤其是故宫中的楹联，体现得最为明显，形式上比较严谨典雅，内容基本上以歌功颂德之作为主，寓意美好。

北京地区的名胜古迹楹联，类型比较齐全，既有大量的宫殿庙堂楹联，也有丰富的山水园林楹联，还有佛寺古刹、会馆、戏台、祠堂等各种类型的楹联。这些楹联中有泛泛的应制、应景之作，也有相当多的作品体现出撰联者的独具匠心，有着较高的艺术水准。宫殿庙堂的楹联具有皇家气象与典雅体制，用词典雅艰深，多用经书中的典故，一方面在于显示帝王的博学，符合宫殿庙堂庄重肃穆的氛围；另一方面也为了突出统治者的至尊意识，宣扬权力的正统，其中多有歌功颂德、粉饰太平之作。颐和园、圆明园、北海等过去的皇家园林中的楹联，往往表现帝王在繁忙政务之余所表露的闲逸情趣，大多比较注重艺术气质和雅致情怀，艺术性较高的作品相对来说较多。北京地区佛寺古刹很多，其中的楹联多有对佛理道义的宣扬，有的直接阐发，有的富有理趣。有些特殊名胜景点中的楹联，立意独特，贴合环境。书院学校中的楹联，往往含有崇德、劝学、励志、启智等意蕴。祠堂中的楹联，强调景仰先贤，抒发历史感怀。会馆中的楹联，则颂扬同乡之谊，流露桑梓之情。如此等等，不一而足。

名胜古迹楹联大多是作者欣赏山水景物、古迹名胜而创作的，首先要在联语中吟赏、再现、渲染美景，描绘自然山川和人文景观的美丽及神韵。文人在以楹联再现山水景物的同时，往往着重表现山水景物的真趣及对人生、事理的感悟。有的楹联是直抒山水情怀和山水审美体验，并把一种审美情感、审美知觉直接传递给读者，呈现出一种醉心于山水之间、物我两忘的境界。比如题北海濠濮间的一副对联："眄林木清幽，会心不远；对禽鱼翔泳，乐意相关。"写出了作者对清幽的林间景色的流连忘返，表达了物我融合为一的自由感受，意境清远，情致高雅。

有的作品渗入了怀古幽思、感喟慷慨等情绪，体现作者深切的历史感怀。比如东城区西裱褙胡同，有明代名臣于谦的祠庙，清代著名学者魏源所撰对联："砥柱中流，独挽朱明残祚；庙容永奂，长赢史家芳名。"赞颂了于谦在"土木堡之变"后，任兵部尚书，率军抗击瓦剌入侵京城，挽救大明江山社稷的丰功伟绩。虽然后来明英宗朱祁镇复辟，以谋逆罪将其杀害，但于谦的英名永垂青史，令后人敬仰。

我们在探访北京地区的名胜古迹、游赏青山秀水时，涵泳领会其中优秀的楹联作品，不仅能充分领略山水胜迹之美，而且能深刻地体会到古都北京悠久的历史文化传统。

三、北京地区名胜楹联欣赏

（一）宫殿坛庙楹联

清代的康熙、雍正、乾隆等几任皇帝，都特别热衷楹联创作，尤其是乾隆皇帝，基本上每处必题，上有行者下必效之，形成了清代繁荣的楹联创作局面。紫禁城可以说是北京地区楹联最为丰富的名胜景点，总数有数百副之多。从宫殿坛庙的楹联中，可以切身感受到皇家文化的典雅肃穆。从太和殿、中和殿到保和殿，从乾清宫、交泰殿到坤宁宫，乃至储秀宫、养心殿、颐和轩，再到文华殿、武英殿、摛藻堂、三希堂，典雅古奥、意蕴深厚的楹联随处可见。

宫殿坛庙中的对联用词典雅艰深，多用经书中的典故，一方面在于显示帝王的博学，符合宫殿庄重肃穆的氛围；另一方面也为了突出统治者的至尊意识，宣扬权力的正统，其中多有歌功颂德、粉饰太平之作，真正的好作品并不很多，且理解起来有一定难度。

1. 故宫

太和门是故宫太和殿前大门，是群臣觐见皇帝的必经之处，在紫禁城中的位置非常重要。不知何人所题太和左门楹联曰："日丽丹山，云绕旌旗辉凤羽；祥开紫禁，人从阊阖觐龙光。"

上联写旭日东升，光芒万丈，使皇宫显得更加壮丽光明，旌旗飘扬，凤羽生辉，写出了皇帝临朝之时仪仗的华丽，塑造出一种绚烂神奇的感觉，使人如在仙境。下联写紫禁城打开了吉祥之门，群臣由太和门入殿觐见天子。所谓"阊阖""龙光"，都是着意渲染皇帝地位的神圣与至高无上。故宫楹联大多歌功颂德，此联无论是用词还是手法、意境，都体现出典型的皇家气象，典丽大气，气度不凡。

进入太和门，就是皇宫正殿太和殿，故宫三大殿之一，俗称"金銮殿"，是皇帝举行登基、大婚等重大庆典仪式的场所。在太和殿中，有乾隆皇帝所题的一副对联："帝命式于九围，兹惟艰哉，奈何弗敬；天心佑夫一德，永言保之，遹求厥宁。"乾隆在位六十年，退位后又做了三年的太上皇，实际执政时间达六十三年，是清朝年寿最高、执政时间最长的皇帝，在位期间文治武功兼修，政治稳定，经济繁荣，对清朝的发展起了非常巨大的作用。

太和殿对联、匾额

上联中"帝命式于九围"，典故出自《诗经·商颂·长发》；下联中"遹求厥宁"，典故出自《诗经·大雅·文王有声》。此联写统治之艰难，带有训诫、警示的意味。上联的意思是上天命大清天子做九州的楷模，这是非常艰难的事情，怎能不恭敬、严谨地对待呢？下联写统治者有帝王之仁德，才会得到天命佑护，要永久保持这种仁德，才能不负天命，以求永保统治安定。

横额是"建极绥猷"。这一匾额置于天子宝座之上，可见其地位极其重要，这四字可以看作清代帝王统治思想的体现。"建极"出自《尚书·洪范》中"皇建其有极"一语，意思是说建立治国的最高规范、最中正宏大的法则。"绥猷"典出《尚书·汤诰》中"惟皇上帝，降衷于下民。若有恒性，克绥厥猷惟后。"意思是说帝王要顺应大道，遵循治国之法则。

太和殿中还有一副对联，据说也是乾隆所撰："龙德正中天，四海雍熙符广运；凤城回北斗，万邦和协颂平章。"上联写皇帝的仁德如日处中天，四海之内百姓和乐的盛世图景正体现出圣王的德行广大而且影响深远。下联写大清一统天下，京城是天下的中心，外夷臣服，就如同北斗拱绕北极一样，和谐昌明，庄重典雅，气度不凡，体现出一国之君掌握天下的帝王气势。

中和殿，故宫三大殿之一，是皇帝前往太和殿举行盛大典礼时休息、接受执事官朝拜的地方。其中有乾隆所题对联："时乘六龙以御天，所其无逸；用敷五福而锡极，彰厥有常。"

中和殿对联、匾额

这一副对联用了很多儒家经典中的典故和句子，"时乘六龙以御天"，出自《易・乾卦》中的彖辞，传说玉皇大帝出巡时，有六条神龙替他拉着出行的车子。"所其无逸"，典故出自《尚书・无逸》，意思是不要贪图安逸。"用敷五福而锡极"，出自《尚书・洪范》中"皇建其有极，敛时五福，用敷锡厥庶民"，五福指寿、富、康宁、攸好德、考终命五种福祉。"彰厥有常"，出自《尚书・尧典》。具体来说，上联警示、劝勉君王要经常出巡，体察民情，励精图治，不要贪图安逸。下联写君王将五福普遍施予臣民，上天就会赐给君王统治天下的法则，这是非常显明而吉祥的。对联寓含劝勉之意，帝王勤勉从政，就会得到上天的护持保佑，体现了封建帝王的统治思想。

正中的横额是“允执厥中”，紧扣中和殿的“中”字，典故出自《尚书·大禹谟》，原文有四句：“人心惟危，道心惟微。惟精惟一，允执厥中。”相传是舜传给大禹的修心之法，意思是人心危险，道心幽微难明，只有精心一意，秉执中正之道，才能治理好国家。这里只用最后四个字，其用意是一样的。

保和殿是三大殿的最后一座宫殿，是皇帝在除夕、正月十五举行宴会，宴请蒙古、新疆等外藩王公及文武大臣的地方。其中的对联是乾隆皇帝所题：“祖训昭垂，我后嗣子孙，尚克钦承有永；天心降鉴，惟万方臣庶，当思容保无疆。”

保和殿对联、匾额

这也是一副含有训诫警示意味的对联。上联说祖宗传留下的训诫昭著，告诫后世子孙应该恭敬、严谨地遵循，这样才能永久统治天下。下联说上天显示的意旨显明，天下四方的臣子庶民，一定要体会遵从天意，保全大清的基业万世无疆。对联借祖训与天意来强化统治权力的合理性，渲染了一种皇室的威严。

横额“皇建有极”出自《尚书·洪范》，意思是君王建立王权有一定的法则。

前朝三大殿之后是后三宫，乾清宫是后三宫的第一宫，明朝及清代前期是皇帝居住并处理日常事务的地方，雍正以后成为举行重要的内廷典礼、接见大臣及使节的地方。乾清宫中对联是康熙皇帝所题：“表正万邦，慎厥身修思永；弘敷五典，无轻民事惟难。”

乾清宫对联、匾额

康熙非常喜好撰联，故宫及颐和园中有许多对联都是他所撰的。“慎厥身修思永”，出自《尚书・皋陶谟》，意思是自己要谨慎小心，修养要坚持不懈。上联写要使各国臣服，成为各国统治的典范，就必须谨慎地对待自己的言行，坚持不懈地修养德行，才能永保帝业。下联写要治理国家维护统治，就要大力提倡“父义、母慈、兄友、弟恭、子孝”五种道德规范，不要轻视治理百姓之事，要真正做好是很艰难的。康熙在这副对联中表达了一种希望通过弘扬道德、鼓励修身而使国运昌盛的想法，实际上就是古人所讲的“修身、齐家、治国、平天下”的政治理想。

横匾“正大光明”，悬挂于乾清宫后墙上，本是顺治皇帝的笔迹，康熙临摹后悬挂于此。这一横匾与清代的“秘密建储”制度有关，雍正以后的各位皇帝，把未来继承皇位的皇子名字写在两份密诏上，一份随身携带，一份就放在“正大光明”匾后。

乾隆也撰有一副题乾清宫的对联：“克宽克仁，皇建其有极；惟精惟一，道积于厥躬。”

此联中“克宽克仁”，出自《尚书·仲虺之诰》，原文是“克宽克仁，彰信兆民”。“惟精惟一”，出自《尚书·大禹谟》，精诚专一的意思。“道积于厥躬”，出自《尚书·说命》中“允怀于兹，道积于厥躬”。对联的意思是说，统治策略要能够做到宽松、仁和，这是君王建立王权的法则；统治要精诚专一，理想的治国之道取决于皇帝亲身的励精图治。这副对联表述了乾隆的统治思想：政策要敦和宽厚、讲求仁德，统治要身体力行、励精图治。这是历代圣王的理想，但在封建君王中，能够做到这一点的并不多见。

交泰殿是后三宫中的第二宫，殿名取自《易经》，寓意是“天地交合、和谐安泰”。交泰殿始建于明嘉靖年间，是皇后的寝宫，清代是册封皇后及举行诞辰礼的地方。乾隆有题交泰殿联：“恒久咸和，迓天休而滋至；关雎麟趾，立王化之始基。”

这副对联摘录儒家经典中的话语词句，表达了帝后和合则天下大化、万民和谐的寓意。《恒》卦《彖辞》中说：“恒，久也。”《尚书·无逸》记载文王“不遑暇食，用咸和万民”。《荀子·大略》中说：“《易》之《咸》，见夫妇。夫妇之道，不可不正也，君臣父子之本也。”《关雎》《麟趾》都是《诗经》中的篇名，按照传统的解释，《关雎》主旨是歌颂帝后的贤良美德，《麟趾》主旨是赞子孙之美盛。上联写王道的恒久、万民的和谐，是接受上天赐予的美德而达成的。下联写帝后的贤良美德和子孙的美盛，是圣王统治教化的基础和根本。此联宣扬和美化的是王权政治的神圣性，显得典雅纯正。

横匾“无为”，是康熙所题。所谓的“无为”，与中国传统的“黄老”统治思想有关，“无为而无不为”，顺应自然，天下大治，是历代帝王都非常向往的统治境界。

坤宁宫是后三宫中的第三宫，明朝时是皇后的寝宫，在清代改为祭神场所。每逢大的庆典和元旦，皇后还要在这里举行庆贺礼。东暖阁清代为皇帝大婚的洞房，婚礼后皇帝和皇后在此住三天，然后搬到养心殿。乾隆有题坤宁宫对联：“斯干咏松竹，天保颂升恒。”

“斯干咏松竹”，出自《诗经·小雅·斯干》：“如竹苞矣，如松茂矣。”常用作祝长寿或宫室落成时的颂词，也用来比喻家族兴盛。“天保颂升恒”，出自《诗经·小雅·天保》：“如月之恒，如日之升，如南山之寿。”用来比喻长久稳固。上下联各以《诗经》的篇名开首，上联说希望根基像竹子那样稳固，枝叶像松树那样繁茂。下联说希望寿命如终南山那样长久。联语以颂扬祝祷为主，但用典贴切、对仗工整，非常切合对联所题的环境氛围。

乾隆还有一副题坤宁宫的对联，“天惟纯佑命，俾尔戬谷，百禄是荷；民其敉懋和，绥以多福，万国咸宁。”这副对联采取集句的形式，所有句子都出自《尚书》《诗经》《周易》等儒家经典，“天惟纯佑命”出自《尚书·君奭》，意思是上天以辅国贤臣教告下民。“俾尔戬谷”出自《诗经·小雅·天保》中的“天保定尔，俾尔戬谷”，意思是上天使你们幸福。“百禄是荷”出自《诗经·商颂·玄鸟》中的“殷受命咸宜，百禄是荷”，意思是承受上天赐给的福禄。“民其敉懋和”出自《尚书·康诰》，意思是百姓互相告诫，和顺相处。“绥以多福”出自《诗经·周颂·载见》中的“烈文辟公，绥以多福，俾缉熙于纯嘏”，意思是赐予多福。“万国咸宁”出自《周易·乾卦·彖辞》中的“首出庶物，万国咸宁”，意思是天下都安定祥和。

总体来看，对联不过是祈祝天下安定、臣民享受福禄、政通人和、万民多福，但形式上比较古奥，从而形成一种庄重典雅的效果。

养心殿始建于明嘉靖年间，在乾清宫西南。康熙年间，这里曾作为宫中造办处的作坊，专门制造宫中御用物品。雍正以后，成为皇帝居住及处理日常政务的地方。故宫养心殿西门有一副对联：“三岛春深云气暖，九霄地迥月明多。”这副对联的作者已不可考，上联写皇宫之中春深日暖，下联写天上人间，明月相照，比喻皇帝仁德纯厚、睿智清明。“三岛”指海上三仙岛蓬莱、瀛洲和方丈，既写出了皇宫的华丽精美，又暗含历代帝王的求仙长生理想。对联所题写的地方是养心殿，细细品味，能感觉到写得非常巧妙含蓄，少有一般歌功颂德之作的陈腐古板之气。

养心殿对联

雍正也有题养心殿西暖阁的一副著名对联：“惟以一人治天下，岂为天下奉一人。”此联出自唐张蕴古上唐太宗的《大宝箴》：“故以一人治天下，不以天下奉一人。”在此之前隋炀帝也曾说过类似的话：“非天下以奉一人，乃一人以主天下也。”（《隋书·炀帝纪》）雍正这一副对联应该是从这些说法中改易而来的。意思是说皇帝应该兢兢业业、尽职尽责地治理天下，不应将天下视作自己一人之天下，使天下都尊奉皇帝一人。但从古代社会“家天下”的实质来看，这不过是一种自我标榜而已。

乾隆题养心殿对联“汲古得修绠，守道无异营”，是一副集句联。上联出自唐代韩愈所作《秋怀》中的诗句：“归愚识夷涂，汲古得修绠。”意思是说钻研古人学问，必须有恒心，下工夫找出线索，才能学有所成，就像从深井汲水必须用长绳一样。下联出自唐代孟郊所作《答郭郎中》中的诗句：“志士贫更坚，守道无异营。”有志之士贫且益坚，弘扬道义，坚持高尚的人格操守，没有其他的想法。此联表现了乾隆对古圣贤之道的追求与坚守，与“养心殿”的名目也正相吻合，但对于帝王来讲能否持守，实际上是不必深究的。

横匾为“中正仁和”，体现的是儒家注重中庸之道，强调仁德和谐的思想。

三希堂在故宫养心殿内，是皇帝读书和休息的地方。三希的意思，有两种不同的解释，一种解释是指士希贤、贤希圣、圣希天，表达自己的不懈追求与自我勉励；还有一种解释是乾隆皇帝非常喜欢书法，将王羲之书《快雪时晴帖》、王献之书《中秋帖》、王珣书《伯远帖》三件稀世珍宝珍藏于此，称为“三希堂”。乾隆题三希堂联：“怀抱观古今，深心托毫素。”“深心”指书法家作书时的独具匠心，“怀抱”指书法家的襟怀、情调。这一副对联写出了乾隆对书法艺术的理解与体悟。古代书法大师作书时的独具匠心、独特襟怀通过作品充分展示出来，后人则能够通过作品体味前人的情趣、襟怀，从而多有启迪。通过作品，古人今人的思想情趣达成一种交流，对联虽然短小，但有着很深的内涵与意蕴。

皇极殿在宁寿宫皇极门内，原为宁寿宫前殿，乾隆重修改名，是其为自己退位后准备的住处。皇极殿中有两副对联，是非常典型的宫廷楹联，一副是“宝祚巩黄图，环瀛介嘏；祥雯辉紫极，璇阁凝厘。”上联写京城之中的皇位稳固，华美的宫殿显示着无尽之福。下联写五彩祥云辉映着紫禁城，皇宫之中迎纳吉祥。另一副是：“八表被慈徽，梯航景化；百昌徵圣寿，萱蓂书祥。”上联写八方荒远的地方也沾溉皇帝仁慈的恩德，经历险远的道路，达到圣王统治的大化境界。下联写万物复苏，欣欣向荣，象征着圣王的长寿，萱、蓂等仙草兆示着祥瑞。这些对联多用典故，用词讲究，内容不过是表达皇图永固的愿望，以及纳福迎祥的祈愿，总之是宣扬帝王仁德广被天下，盛世多有吉兆祥瑞之意。以宝祚指皇位，以黄图指京城，以紫极指皇宫，以璇阁指宫殿，以神仙所处的仙境环瀛来比喻帝王的宫殿，所用辞藻华丽，典故古奥艰深，符合故宫中大多楹联的特点。

宁寿宫内有乐寿堂，原为乾隆皇帝退位归政后居住读书的地方。慈禧太后也曾在此居住。乐寿堂之名取义于《论语》中“智者乐，仁者寿”的说法。因此，乐寿堂又含有山水仁智之意。乾隆题乐寿堂对联：“乐同乐而寿同寿，智见智而仁见仁。”上联用嵌字的手法，以“乐”“寿”重复而嵌乐寿堂之名。下联化用《易经·系辞》中“仁者见之谓之仁，智者见之谓之智”的句子，同时表达了山水仁智之意。此联采用回文手法，上下联各自利用词序的往复来表达词意间的有机联系，不论正读、倒读，都显得文通字顺而又回环往复，构思非常巧妙。

储秀宫始建于明永乐十八年（1420 年），清顺治十二年（1655 年）重修，是明清两代后宫嫔妃居住的地方，同治帝的生母慈禧太后曾住在这里。慈禧太后有一副题储秀宫的对联："百福屏开，九天迎瑞霭；五云景丽，万象入春台。"慈禧非常喜欢题写楹联，故宫、圆明园等处多有所见。上联写展开百福屏风，九天之上弥漫着吉祥的云彩；下联写五色祥云绚烂，世间春暖花开，一片太平盛世。对联用丽词华句大讲吉兆祥瑞，装点出盛世承平、普天同庆的样子，实际上不过是粉饰太平而已。

皇帝在紫禁城治理天下、饮食起居，自然也要读书讲学、修身养性。紫禁城中读书、藏书、刻书之处颇多，比如文渊阁、摛藻堂、武英殿、上书房等。

文渊阁位于故宫博物院东华门内文华殿后，是紫禁城中最大的一座皇家藏书楼。乾隆三十八年（1773 年）皇帝下诏开设"四库全书馆"，编纂《四库全书》。乾隆三十九年（1774 年）下诏兴建藏书楼，用于收藏《四库全书》，乾隆四十一年（1776 年）建成。阁制仿自浙江宁波范氏天一阁。阁的东侧建有一座造型独特的碑亭，亭内立石碑一通，正面镌刻有乾隆皇帝撰写的《文渊阁记》，背面刻有文渊阁赐宴御制诗。入藏文渊阁的图书除了《四库全书》外，还有今存最大的类书《钦定古今图书集成》。其中一层收藏《四库全书》经部书、《四库全书总目》、《四库全书考证》及《钦定古今图书集成》，二层收藏史部书，三层收藏子部书和集部书。文渊阁本的《四库全书》现藏台北"故宫博物院"。

清代文渊阁不仅是藏书之所，更是皇帝读书的场所。阁内一层设皇帝宝座，为讲经筵之处，三层设有皇帝御榻，以备皇帝登阁读书。乾隆为文渊阁题写了多副对联，一联曰："插架牙签照今古，开编云气吐芬芳。"另外还有两联曰："荟萃得殊观，象阐先天生一；静深知有本，理赅太极函三。""壁府古含今，藉以学资主敬；纶扉名副实，讵惟目仿崇文。"这些对联写出文渊阁藏书之丰富，书中蕴含义理之深奥，对其典藏文献、传承文化的功能做了细致描述。

文华殿在三大殿的右翼，是明清两朝举行经筵之礼的地方。武英殿在三大殿的左翼，明初以来，除了政务典礼之外，更多用于文化活动。康熙年间，设立武英殿书局，开始刊刻书籍。乾隆以后，成为宫中专门校勘、刻印书籍的地方。乾隆三十八年（1773 年），将从《永乐大典》中辑出的 138 种珍本用木活字排印，御赐名《武英殿聚珍版丛书》。武英殿刻书因纸墨优良，校勘精审，书品甚高，被称为"殿本"。

乾隆有题武英殿对联："四库藏书，宝笈牙签天禄上；三长选俊，缥囊翠轴月华西。"记述武英殿刊刻、典藏四部典籍的活动及其成绩，用语典雅华美。

上书房是皇子读书的地方，此处的对联也都围绕读书治学题写。比如雍正题上书房对联："立身以至诚为本，读书以明理为先"，乾隆题上书房对联："念终始典于学，于缉熙单厥心"，都体现了皇帝对于皇子们读书明理、修养身心的谆谆教诲与殷切期待。

除此之外，故宫中题写读书场所的对联还很多，有些也很有意趣。比如题阅是楼的对联："开窗鱼鸟含天趣，欹案诗书味道腴。"阅是楼在故宫畅音阁对面，这副对联在楼下中室。对联写出了读书的乐趣，意旨清远悠长。打开窗子，看到池中游鱼追逐嬉戏，树上飞鸟啁啾，大自然一片蓬勃生机；在这样的天然意趣之中，倚在几案上读书写诗，趣味无穷。联语将室内与室外、动态与静态融成一体，表现出一种怡然自乐、自得其趣的情调，给人以悠然舒适、幽静闲雅的感觉。

2. 天坛

天坛位于永定门内大街东侧，为明、清两代帝王祭天祈谷的地方。斋宫在天坛西天门以南，是皇帝举行祭礼前斋戒之处，也是天坛中的主要建筑之一。斋宫面朝东，为拱券形砖石结构，俗称无梁殿，斋宫之后为寝殿。

雍正皇帝有题天坛斋宫寝殿对联："午夜端居钦曰旦，寅衷昭事格维馨。"此处的端居是指皇帝穿上祭服端坐准备行祭礼。古时计时用十二地支，寅指天亮之前三点到五点。此联写皇帝在举行祭礼之前，在斋宫寝殿从半夜就穿好祭服恭候天明，以便在黎明之后成功进行祭礼。这表明了皇帝对祭天祈谷之礼的重视，实际上也是为了颂扬皇帝关心国计民生、谨慎虔敬的美德，这是大多数皇室楹联中最基本的歌功颂德的倾向。寝殿横额为"敬止"，取恭敬、谨慎之意。

此外，雍正还有题天坛斋宫寝殿内堂的对联："克践厥猷，聪听祖考之彝训；无斁康事，先知稼穑之艰难。""克践厥猷"，指实现治国之谋划。"聪听祖考之彝训"，出自《尚书·酒诰》。"无斁康事"，是说不要厌弃农事。对联的大体意思是说，皇帝能够践行治国之道，聆听先祖的日常训诫，在天下安宁的时候，不要厌弃农事，要牢记耕种的辛劳。皇帝在天坛举行祭礼的主要目的是向上天和先祖祈祷，祈求一年风调雨顺、五谷丰登。所以这里再三讲不忘农耕之辛劳，也就是要以农为本，为政权的稳固打下牢固的物质基础。此联含有自诫和警世之意，都是为了国家的长治久安，在古代封建社会就是为了家天下的长久和稳固。横额为"庄敬自强"，是说对上天、先祖要恭敬，同时含有自勉之意。

（二）点缀园林的楹联

颐和园、圆明园、北海等明清皇家园林中的楹联，既有皇家的气象，又有灵动的构思、巧妙的想象，在山水楹联中很有特点。即使是帝王之作，也往往表露出自己在繁忙政务之余的情怀意趣，大多比较轻灵雅致，艺术性较高的作品相对来说要比故宫中的多，比如涵远堂、涵虚堂、十七孔桥等处的楹联，都是如此。

1. 颐和园

颐和园由昆明湖、万寿山和各种宫殿组成，借西山为外景，兼有人工与自然之美，合南北园林建筑艺术于一体，集天下园林之大成。

十七孔桥在颐和园昆明湖上，飞跨于东堤和南湖岛之间，桥两头石柱上分别镌刻楹联。其中有乾隆皇帝所题对联："虹卧石梁，岸引长风吹不断；波回兰桨，影翻明月照还空。"上联写石桥如长虹卧波，引来徐徐不断的长风，是远观所见，所以从大处勾勒，写景疏朗阔大。下联写泛舟桥下，兰桨卷起水波，天空明月高悬，倒映水中，是近景描摹，所以用语细腻，造境精致。上下联互相对比映衬，写出了颐和园清丽闲远的景色。此联用语典雅，词语锤炼尤其巧妙，使全联有灵动之感。上联说"吹不断"，下联说"照还空"，韵律上也颇有回环曲折之妙。

涵虚堂为颐和园南湖岛上主要建筑。乾隆有题颐和园涵虚堂对联："碧通一径晴烟润，翠涌千峰宿雨收。"颐和园胜景很多，乾隆匠心独运，抓住雨后初晴的瞬间景色来描绘颐和园的胜景，用字妥帖传神，于平凡中见出独特。上联"碧通一径"写出了雨后清新碧绿的美景，以及绿丛中小径的幽深静远，"晴烟润"三字则很好地把雨后朝雾潮湿蔓延的状态描摹出来，营造出一种氤氲朦胧的意境。下联以"翠涌千峰"写远望群山之苍翠，"涌"字极有气势，令人有扑面而来、意想不到之感，正与"千峰"相谐。"宿雨收"本是点明雨后初晴，但"收"字用得很大气，干净利落，与上联的"润"字所造成的朦胧氤氲正形成一种对比。写景联非常讲究炼字，这副对联中的"通""润""涌""收"都是很典型的例子。

涵远堂是颐和园谐趣园的正殿。康熙皇帝有题涵远堂对联："西岭烟霞生袖底，东洲云海落樽前。"此联紧扣堂名"涵远"二字来写，远望西山诸峰，烟岚云霞好像从袖底升起，东海瀛洲的茫茫云雾好像落到了酒杯之前。上联实写西山云霞，笔法夸张；下联虚写东洲云海，想象奇特。艺术上独具匠心，也体现出撰联者阔大的胸怀与非凡的气度。从用字来说，"生""落"二字尤其见出功力。

绣漪桥位于颐和园南湖岛和昆明湖间的东堤上。有一副对联颇有意境："螺黛一丸，银盆浮碧岫；鳞纹千叠，璧月漾金波。"螺黛是一种青黑色矿物颜料，《隋遗录》记载其形状如丸似螺，品质上佳者每颗价值十金。上联写晴日景色，在绣漪桥上远望，湖中岛屿像螺黛一样镶嵌在湖面上，远处碧绿苍翠的万寿山好像漂浮在碧波之上；下联写月色如画，一轮明月倒映水中，月光之下的千顷湖面水纹如鳞，金波荡漾。这副对联写景绘形，对仗工整，平仄和谐，写得典雅清丽，形象地描绘出绣漪桥附近旖旎迷人的景致，意境清新淡远。

颐和园涵远堂对联

2. 圆明园

圆明园位于颐和园东，原为清代皇家御苑，占地约 5 200 亩，由圆明园、长春园、万春园组成，园内建有亭台楼阁 140 余处，被誉为万园之园。从康熙十八年（1679 年）起，历时 150 年不断丰富完善而建成。清咸丰十年（1860 年）圆明园被英法联军付之一炬，各宫殿庙堂的楹联也不复存在。但是根据传世的文献资料，我们今天仍然能够了解当时一些艺术成就颇高的楹联作品。

九洲清晏位于正大光明殿北面，是圆明园四十景之一，据史料记载，此处清代历朝皇帝所题楹联甚多。

比如雍正有一副题九洲清晏第一层圆明园殿的楹联：“每对青山绿水会心处，一丘一壑，总自天恩浩荡；常从霁月光风悦目时，一草一木，莫非帝德高深。”上联写青山绿水景色优美，令人悠然会心，一丘一壑，园林巧夺天工，都来自上天的赏赐恩惠。下联写雨过天晴景色明净，览之赏心悦目，一草一木，触处满眼苍翠，都离不开天帝的高深德行。既写出了游赏其中的惬意，徜徉美景的悠然，又体现出统治者虔敬恭谨的态度，非常贴近皇家园林的环境氛围。

乾隆有题九洲清晏第二层奉公无私殿楹联：“涧泉无操琴，泠然善也；风竹有声画，顾而乐之。”相比较而言，此联更重个人意趣的表达，体现出乾隆本人的风雅情怀。涧泉清澈，虽无人抚琴，却令人时闻清泉之音，可谓轻灵曼妙。“泠然善也”出自《庄子·逍遥游》，用在此处正体现出作者对无己无待的逍遥境界的向往。下联写清风徐来，竹影摇曳，风声瑟瑟，令人如见有声之画，不禁大感畅快之至。“顾而乐之”出自苏轼的《后赤壁赋》，写出了忘形山水、乐在其中的惬意。上下联后四字都是摘自前人经典，不仅凸显了联语的典雅，而且以虚词入联，使节奏富于变化，韵律更为优美。

正大光明殿是清代皇帝听政、宴请外藩、祝寿诞的地方，也是圆明园四十景之一。雍正有题正大光明殿的楹联：“心天之心而宵衣旰食，乐民之乐以和性怡情。”既写出了帝王殚精竭虑、勤奋为政的自勉，又表达了与民同乐、颐养性情的情怀，联语精妙，立意也很高。

3. 北海

北海之景以神话传说中的“一池三仙山”（太液池、蓬莱、方丈、瀛洲）构思布局，富有浓厚的幻想色彩。濠濮间位于北海东岸，其中有九曲石桥，临水环山。濠濮本为两条水名，濠水在安徽，濮水在河南。传说庄子曾钓鱼于濮水，拒绝楚王之聘，又相传庄子与惠施曾游于濠梁之上，二人围绕是否知鱼之乐相互辩难，此后多用来指高士之乐境，濠濮间取名即本于此。《世说新语·言语》记载：“简文入华林园，顾谓左右曰：会心处，不必在远。翳然林水，便自有濠、濮间想也。觉鸟兽禽鱼，自来亲人。”濠濮间临水轩有一副对联：“眄林木清幽，会心不远；对禽鱼翔泳，乐意相关。”意境大概来源于此。上联写欣赏清幽的林间景色，对这种世外乐境自然是心领神会；下联写面对自由飞翔的鸟和自在游泳的鱼，自然也有与其相同的欢畅心情。对联紧扣濠濮间的景色特点来写，表达出一种亲近自然、悠然自得的情怀，令人有清远澄澈、浑然忘机之感。此联境界极高，意趣不凡。

金鳌玉蝀桥横跨中海和北海水面，为九孔石桥。清雍正年间考中进士、乾隆时曾任军机大臣的汪由敦，精于诗文，擅长书法，他有一副题金鳌玉蝀桥的名联：“玉宇琼楼天上下，方壶圆峤水中央。”这副对联的撰作，有一段佳话。据清人赵翼《檐曝杂记》记载：“金鳌玉蝀桥新修成，桥柱须刻联语。余拟云‘玉宇琼楼天尺五，方壶圆峤水中央。’自以为写此处光景甚切合。汪文端（由敦）公改‘尺五’作‘上下’，联语便作：‘玉宇琼楼天上下，方壶圆峤水中央。’”从写法来看，对联以仙境中的华美建筑来比喻金鳌玉蝀桥及附近宫殿的瑰丽精美，以方壶、圆峤这两座海上仙山来比喻太液池中的岛屿，并不算太出奇的意想。但加上“天上下”三字，意境之阔大已然不同，远望水面，缥缈神奇之感也油然而生。

4. 中山公园

中山公园在天安门西侧，原为社稷坛，是明清皇帝祭祀土地神和五谷神的地方，1914 年即已改为公园。公园中的春明馆有一副著名的对联：“春雨杏花江上客，明湖杨柳晚来诗。”上联写丝丝春雨之中，杏花飘零水上，就像江上羁旅飘零之客。下联写飞扬的柳絮轻抚湖面，近晚之时，不禁触动人们的诗情。对联中使用的意象“春雨”“杏花”“杨柳”等是最具晚春季节特征的景物，与“江上客”“晚来诗”中流露出的情绪是非常吻合的，能够细致入微地传达出落寞、感伤的情怀，情景交融，意境清幽。另外，上下联开首两字“春明”既切实景，又扣馆名，手法也是非常巧妙。

5. 陶然亭

陶然亭在右安门东北慈悲庵内，亭名取自唐代诗人白居易诗句“更待菊黄家酿熟，与君一醉一陶然”。陶然亭公园内胜迹颇多，历代文人游赏于此，留下许多著名的诗文楹联作品。林则徐是清代著名官员、学者，他题写陶然亭的对联：“似闻陶令开三径，来与弥陀共一龛”，长久以来为人传诵。东晋诗人陶渊明《归去来兮辞》中有“三径就荒，松菊犹存”的句子，上联用陶渊明归隐田园的典故，既是对“陶然亭”之幽静环境的描写，又写出了作者对陶渊明淡泊率真、高洁出世的人生境界的向往。下联切景，点明陶然亭所在的慈悲庵是佛家之地，似是写自己对佛门的皈依，实际上主要还是表达一种闲适清高、不满于现实的情怀。对古代的文人来说，现实之中无法施展自己的才干，内心郁闷而寻求解脱，是一种非常普遍的思想情调。

清代翁方纲也有一副对联写到慈悲庵，“烟藏古寺无人到，榻倚深堂有月来”，以“无人到”与“有月来”对比描写，写出了清静、安谧的意境，韵味悠远。

陶然亭对联

(三) 佛寺道观楹联

北京地区自古以来佛道文化繁盛，绵延不绝，古刹林立，城内有雍和宫等刹庙，城郊有西山、八大处、香山诸寺。佛寺道观中的楹联，虽以宣扬教义为本，但往往构思巧妙，意旨深远，能够从中领略宗教文化的绚烂多彩。

1. 雍和宫

雍和宫是北京地区规模最大、建筑最宏伟、制作最精巧、保存最完好的喇嘛寺，也是珍藏佛教文物、珍宝最多的寺庙之一。

雍和宫大殿对联："定光澄月相，慧海涌潮音。"为清代钱陈群所题，钱氏是浙江嘉兴人，康熙六十年（1721 年）进士，官至刑部右侍郎。

此联是阐发佛教教义之作，联语简洁，意蕴深远。定光指定光如来，出现于佛教的过去世，曾为释迦牟尼授记之佛，是过去佛中最有名的。据《菩提心论》记载，满月为圆明之体，与菩提心相类似，所以比喻自心形如月轮。修行者在内心中观白月轮，能照见本心的湛然清净，犹如满月的光芒遍及空虚，无所分别。慧海比喻佛的智慧深广如海，潮音指僧众诵经的声音。对联大意是说，定光如来有湛然清净的菩提心，是智慧深广如海的佛菩萨，经常示现人间，讲说佛法，普度众生。从楹联艺术角度来看，此联对仗工整，气魄不凡，用语典正，端庄肃穆。

雍和宫天王殿对联为乾隆所题："法界示能仁，福资万有；净因臻广慧，妙证三摩。"

此联以宣扬佛教教义为主。法界，即为所化之境，也就是众生界。能仁，梵语意译为释迦，本是印度种族之名，释尊是出身于释迦族的贤人，所以被尊为释迦牟尼，一般也以"能仁"来称呼释尊。万有，指总赅万象、万事、万物的万法。净因，佛教认为万法皆由因缘而起，有因则必有果，净因就是以清净的信仰心，认识因果相应相酬，修身养性，弃恶扬善。慧，指推理、判断事理的精神作用，明见一切事物及道理的高深智慧。证，指修习正法，如实体验而悟得真理。三摩，即三摩地，指心专注一境的精神作用。此联大意是说，诸佛众生以本源之清净心，按次第学习诸法，佛祖释迦就会示现，给予福德、资财、福智，众生也会修得总赅万象、万事、万物的佛法，获得善果；树立起远离尘垢的清净信仰心，涤除引生情欲的内外之因，达到胸怀宽广、明见智慧的境地，就能证得真理，断除一切烦恼。

2. 法源寺

法源寺位于法源寺后街，建于唐贞观年间，是北京城内现存历史最悠久的名刹。乾隆有题法源寺大雄宝殿对联："慧雨昙云，清净契无为之旨；金乘珠藏，通明开不二法门。”

慧雨在佛教中指佛与菩萨普济众生，就像细雨润泽万物一样。用昙花比喻佛法之难得。佛家的无为指不作妄执，随顺而为。金乘珠藏指的是佛教典籍。通明是佛教术语，指三种智慧和六种神通。不二法门，指显示超越相对、差别之一切绝对、相对平等真理的教法。此联以宣扬佛法为主，涉及佛教的基本教义和术语，但对仗工整，联语巧妙，可见乾隆皇帝的佛法造诣与艺术功力之高深。

3. 潭柘寺

潭柘寺在门头沟区潭柘山中，因寺后有龙潭，山间有柘树而得名。潭柘寺天王殿弥勒坐像两边楹柱上有一副著名对联：“大肚能容，容天下难容之事；开口便笑，笑世上可笑之人。”

佛寺楹联的本意，无非是宣扬佛教宗旨，或者劝导、教诲社会人生。弥勒，佛教菩萨之一，民间习惯称为弥勒佛。这副对联用浅显的文字，将弥勒佛大腹便便、笑面悠悠又超然物外的神态勾勒得活灵活现，奉劝人们待人处世要乐观旷达、宽厚容人，排除一切私心杂念，乐观泰然。此联不但对仗工整，寓意深刻，语言也通俗浅易，在佛寺楹联中是很有特点的。我国的很多寺院中都有类似的对联，著名的就有山西五台山的“大肚能容容天容地，开口便笑笑古笑今”，河南洛阳白马寺的“大肚能容容天下难容之事，慈颜常笑笑世间可笑之人”，广东雷州天宁寺的“大肚汉容天下难容事，苦行僧笑世间可笑人”，等等。现在很难确定这些对联最初出自何处，但可以看出对联所表达的巧妙智慧为人称颂，以及人们对这一对联的普遍喜爱。

4. 碧云寺

西山碧云寺是明清时期佛教建筑的代表作，既保留了明代佛寺的禅宗特点，又吸收和发展了佛教密宗的建筑风格，且具备皇室宫观的宏大气势。

碧云寺罗汉堂对联曰：“果证吉祥云，三千已遍；观融功德水，五百非多。”

在佛教徒心中，罗汉已通过修行永脱苦海，在莲花盛开、祥云缭绕的西天，与诸佛一起享受着无尽的极乐。果证是指根据佛教的修行程度，证得果位。佛教的果位有佛、菩萨、罗汉，佛的意思是“觉者”“智者”，菩萨的意思为“发大心的人”，罗汉指已经修行到了能使自身脱离苦海的境界。

此联是阐发佛教教义之作，但是对仗工整，联语典雅。上联意思是说众罗汉修行圆满，取得正果，功德深广，吉祥之云遍及三千世界；下联说罗汉达观真理，具有极乐世界中功德水那样多的美德，五百之数并不多，还会有后来之人。

5. 红螺寺

红螺寺位于京郊怀柔境内，为历代佛教圣地。红螺寺原名大明寺，始建于东晋，扩建于盛唐，明正统年间改为“护国资福禅寺”，因红螺仙女的美妙传说，俗称为“红螺寺”。

红螺寺大雄宝殿门联：“皇图永固帝道遐昌，佛日增辉法轮常转。”这是一副经常被题写于宗教场所的对联。比如陕西西安钟楼的铁钟上就刻着“皇图永固，帝道遐昌，佛日增辉，法轮常转”这 16 个字，其他如庐山恭乾禅师塔院、浙江黄岩常寂寺等处，都题有此联。意思是颂扬佛法光明长久，同时还祈祝帝王的版图、基业永远稳固昌盛。横匾为“大光明藏”，在佛教教义里，佛、菩萨都呈光明相，以光明象征其智慧，所以“大光明藏”喻指佛家无尽的智慧。

6. 白云观

白云观初建于唐开元二十六年（738 年），最初名为天长观，金明昌三年（1192 年）重修，改称太极宫。元朝初年，道教全真派长春真人丘处机奉元太祖成吉思汗诏令在此掌管全国道教，于是改称长春宫，成为北方道教的中心。金正大四年（1227 年）丘处机逝世后，其弟子尹志平在长春宫东侧建立道院，取名白云观，其中的邱祖殿供奉丘处机。

乾隆有题白云观邱祖殿对联：“万古长生，不用餐霞求秘诀；一言止杀，始知济世有奇功。”

道教讲究修道长生，传说能通过不食五谷、餐霞饮露而达到长生不老的境界。此联颂扬全真道真人丘处机的功德，向成吉思汗进言，得以挽救苍生黎民，免受生灵涂炭之苦，使他永为后世敬仰，可谓不以修道养生而万古长生，旌扬推崇，意旨深远。

除了上面列举的例子之外，有些寺院今天虽已不复存在，但也有著名的楹联流传下来。比如位于香山东南的香山寺，始建于金代，元、明、清各朝都曾重修，1860 年被英法联军焚毁殆尽。乾隆题香山寺大殿的一副对联非常有名：“花雨轻霏，结青莲世界；云峰郁起，现白毫相光。”

青色的莲花，梵语为优钵罗，常用以比喻佛祖。白毫相光，如来三十二相之一，其眉间有白色之毫相，右旋婉转，如日正中，放之则有光明。初生时长五尺，成道时有一丈五尺，名白毫相。上联是近写，香山寺周围花雨轻扬，呈现出一片如莲花盛开般祥和神圣的境界；下联是远写，远望群峰耸立，云雾缭绕，好像发出白毫相的光芒。对联通过写景来营造一种佛教中的神圣境界，达到对佛教教义的推崇与宣扬，表现手法非常巧妙，对仗也非常工整。

（四）祠堂、会馆、戏台等其他名胜景点的楹联

1. 祠堂

北京地区的古代祠堂种类繁多，有纪念前代贤哲的忠义祠庙，也有祭祀祖先

的宗族祠庙。这些祠堂宗庙中，往往有后人题写的楹联陈列其中，歌颂前贤之德，弘扬祖先功业。

国子监位于安定门内成贤街，是元、明、清三代的最高学府。国子监内有唐代文宗韩愈的祠庙。清代蒙古正黄旗著名文人法式善所题韩愈祠的楹联："起八代衰，自昔文章尊北斗；兴四门学，即今俎豆重东胶。"一直为人传诵。韩愈是唐代古文运动的领袖，主张文以载道，继承孔孟的道统，被尊为百世之师。这里八代指的是东汉、魏、晋、宋、齐、梁、陈、隋，正是骈文由形成到兴盛的时代，借用了苏轼《潮州韩文公庙碑》评价韩愈"文起八代之衰"的句意。四门学是古代的一种学校，韩愈曾担任过四门学博士，教育士子，淳化世风。东胶，《礼记》中记载"周人养国老于东胶"，这里即指韩愈祠所在的国子监。上联说韩愈发起古文运动，主张文以载道，振起了自南北朝以来文章绮靡华艳的文风，从此以后被尊为文坛的领袖；下联说韩愈任四门学博士，继承孔孟道统，教育士子，淳化世风，至今被后代尊崇祭祀，供奉于国子监内。此联作者怀着极大的崇敬之情颂扬了韩愈在文章及道德教化等方面的功绩，又紧紧围绕韩愈的师者身份和韩愈祠的环境位置来写，特别符合这一对联的性质与用途。

文天祥祠坐落在东城区府学胡同，在胡同西段北侧，坐北朝南、两进院落，为纪念南宋时期的文天祥所建。《帝京景物略》记载："今顺天府学，因宋丞相义尽之柴市，祠丞相学宫中，曰'教忠坊'。丞相，庐陵人。庐陵人祠丞相学宫外，曰'怀忠会馆'。教忠，长上志；怀忠，臣子志也。洪武九年，北平按察使司副使刘崧，始请建祠。永乐六年，太常寺博士刘履节奉命正祀典，始春秋祭于有司。"宣德四年（1429 年）重新修葺，万历年间顺天府督学商为正将祠庙从府学之西迁至府学之东。清初至民国，屡有修葺。直到新中国成立之初，尚存大门、前殿、享殿。1983 年政府拨款重修，保留了原大门、过厅和享堂。

正殿正厅中间廊柱悬挂楹联："地老天荒，不忘一部中华史；山呼海啸，齐唱千秋正气歌。"由文天祥二十四代孙文怀沙撰联书写。两侧楹联是著名书法家康殷所撰："雷潜九地声元在，月暗千山魂再明。"

正殿之后的享堂之外悬挂由清代著名学者汪中所书的木刻楹联，上联为"正气识孤忠，无愧丹心昭日月"，下联为"法天抡对策，长荣青史壮乾坤"。

享堂内文天祥塑像左右两侧四柱有两副楹联，内侧抱柱联："正气贯人寰，河岳日星垂万世；明礼崇庙貌，丹心碧血照千秋。"是同治六年（1867 年）文辂所撰，由当代书法家金运昌以楷体重新书写。外侧抱柱联："正气常存，俎豆至今尊帝里；孤忠立极，神灵宜近接黉宫。"是道光七年（1827 年）九月重修祠宇

文天祥祠对联

的时候，文天祥十八世孙文杜薰所撰，书法家金运昌重书。

这些对联叙写了文天祥慷慨赴死的事迹，歌颂其英勇就义的忠烈，以及对南宋王朝矢志不渝的忠心，千载而后，仍能激发今人慷慨悲歌之感。

宣武门外的杨忠愍公祠，是祭祀明代著名的忠谏之臣杨继盛的祠堂，内有一副著名的对联：“三疏流传，枷锁当年称义士；一官归去，锦衣此日愧先生。”撰者是晚清官员江春霖。上联颂扬了杨继盛当年三次上书嘉靖皇帝弹劾奸相严嵩，被诬陷下狱，遭受酷刑，但坚持气节与正义绝不屈服的精神；下联写到自己，清宣统二年（1910 年），江春霖因为上书言事得罪权臣，愤而辞官回归故里，临行前凭吊杨继盛祠，留题此联，吊古怀人，表达了后人对忠良之士的敬佩。

袁督师（袁崇焕）庙位于龙潭公园西湖畔，清末著名学者康有为曾手书题联曰：“其身世系中夏存亡，千秋享庙，死重泰山，当时乃蒙大难；闻鼙鼓思东辽将帅，一夫当关，隐若敌国，何处更得先生。”袁崇焕抵御清军入关，防线牢不可破，为大明忠心耿耿，反而为崇祯和朝廷所怀疑，朝野无人信其忠诚，蒙受不白之冤，遭受亡身大难。后来清人长驱直入之时，国难思忠臣良将已不可得，怎能不令后人感慨系之。因此，袁崇焕祠庙中的对联，大多表达这种亲者痛仇者快、忠臣蒙冤受屈的感慨。康有为还为位于东城区东花市斜街的袁崇焕祠题了另一副对联：“自坏长城慨古今，永留毅魄壮山河”，痛惜明朝廷自毁长城、遗恨千古，敬仰袁崇焕的英魂毅魄气壮山河、永垂后世，也是抒发悲慨壮烈的情怀。

2. 会馆

古代会馆的设立，一是为了“以敦亲睦之谊”“以叙桑梓之乐”“虽异地宛若同乡”(《浮山会馆金妆神像记》)，简言之就是方便同乡相聚，联谊同乡感情；二是为乡人进京参加科举考试、进京办事提供食宿之便，“京师为四方士民辐辏之地，凡公车北上与遏选者，类皆建馆以资憩息”；三是为加强同业间的联系与管理，如书业的文昌会馆、钱庄票号的正乙祠、药业的药行会馆、烟业的河东会馆等。据统计，从明朝到民国，有文字记载的北京会馆先后有549处，其中除10处在内城外，其余539处皆在外城，这些会馆大多是明清时期设立的。随着社会的发展，这些会馆逐渐失去了最初的功能。到1936年，北京的会馆就只剩下59个，今天仍然存在的会馆旧址有安徽会馆、湖南会馆、贵州会馆、湖广会馆、绍兴会馆、正乙祠等。会馆所聚都是各地各行各业的精英、俊彦之士，自然也少不了对联点缀其中。

安徽会馆旧址在西城区后孙公园胡同，是全国重点文物保护单位。同治七年(1868年)，李鸿章首倡买下明末清初著名学者孙承泽的孙公园，设立安徽会馆。太湖状元赵文楷之孙赵子方太史（继元）为安徽会馆撰写了一副对联：“结庐挹退谷，风流胜迹重新，应续春明梦余录；把酒话皖公，山色乡心遥寄，难忘江上大观亭。”

孙承泽在明清两朝为官多年，后隐居西山樱桃沟，号退谷，孙公园是他城内的宅院。孙承泽的代表作为《春明梦余录》，是记载明代北京情况的史书。该联上联紧扣孙承泽与孙公园写起，既交代了安徽会馆原址的深厚历史文化底蕴，又蕴含对皖人续写前贤辉煌的寄托与希冀。下联则自然而然地从京城回写故里，表达把酒临风、遥寄乡思的情怀，皖山潜水风物尽入眼底，最后以大观亭这一安徽省城安庆的代表性建筑落笔，点出设立安徽会馆、汇聚同乡遥寄山色乡心的宗旨。

安徽会馆中还有一副戏台对联：“安庐凤颖徽宁池太，滁和广六泗，八府五州，良士于于来日下；金石丝竹匏土革木，宫商角徵羽，五音八律，新声袅袅入云中。”上联写安徽八府五州地方才俊之士汇聚京城，下联写八律、五音声律和谐，余音袅袅，紧扣安徽、戏台撰联，对仗严整，题旨妥帖，也是一副佳对妙联。

类似的对联，在过去北京地区的会馆中并不少见，比如山西会馆中也有一副对联："二百年来全盛日，况此地水陆所凑，自是名区，长乎鼓之，轩乎舞之，任抗节高歌，莫辜负城中丝管；三千里外远游人，幸诸君晨夕过从，宛然同井，有酒醑我，无酒酤我，把离情别思，都付与汾上楼船。"既写出了山西同乡会聚京师、共赏歌舞的豪情，又表达了远离故土的思乡之苦与相互劝慰的同乡情谊，情感真挚，意味深长，文字豪纵，读之有酣畅淋漓之感。

3. 戏台

明清以来，戏剧已成为上至天子下到臣民重要的娱乐休闲方式，北京城内外的戏台众多，其中紫禁城畅音阁大戏楼、颐和园内德和园大戏楼是北京地区保存至今的两大著名皇家戏楼。

畅音阁位于宁寿宫后区东路南端，是清宫内廷的演戏楼。畅音阁建筑宏丽，共有三重檐，上层檐下悬"畅音阁"匾，中层檐下悬"导和怡泰"匾，下层檐下悬"壶天宣豫"匾，坐南向北，正面有一副对联："动静叶清音，知水仁山随所会；春秋富佳日，凤歌鸾舞适其机。"令人可以想象当年皇室在此听戏时，山水清音，凤歌鸾舞，其乐融融，一片祥和的场景。

乾隆皇帝还为畅音阁大戏台题写了一副对联："琅璈逸韵应嵩呼，久矣八风从律；阊阖晴光凝嶰吹，康哉九叙惟歌。"这副对联用了较多的典故和古雅的名物，对联中的"琅璈"是古代的乐器名称，"嶰吹"则指笛箫等乐器，用词古奥典雅，但其意思仍不过是表明音乐协和是人心和谐的体现，进而可以和合天下。

畅音阁对联

德和园是颐和园内专为慈禧看戏修建的建筑，由大戏楼、扮戏楼、颐乐殿、看戏廊等建筑组成，是仿紫禁城畅音阁规制建造的。"德和”一词出自《左传》：“君子听之，以平其心。心平，德和。”意思是君子听了美好的音乐，就会心平气和，从而达到道德高尚的境界。慈禧题德和园大戏楼的对联为：“山水协清音，龙会八风，凤调九奏；宫商谐法曲，象德流韵，燕乐养和。”上联与紫禁城畅音阁对联一脉相承，写山水清音，音调协畅；下联紧扣“德”“和”二字来阐述音乐可使人心平和、德性涵养的道理。

圆明园中最初也有戏台，为道光年间所建，供皇室在园中看戏。咸丰十年（1860 年），英法联军入侵北京，圆明园焚毁于战火，戏台也不复存在。但有一副著名的对联一直流传至今：“尧舜生，汤武净，五霸七雄丑末耳，伊尹太公，便算一只耍手，其余拜将封侯，不过摇旗呐喊称奴婢；四书白，六经引，诸子百家科诨也，杜甫李白，会唱几句乱弹，此外咬文嚼字，大都沿街乞讨闹莲花。”

这副对联流传很广，但作者已不可考。梁章钜在评价这副对联时说：“似此大识力，大议论，断非凡手所能为。”的确，作者既见识高，又感慨深，所以在貌似玩世不恭之中寓有寄托。对联借助戏剧的形式特点，选取社会、历史、文艺等方面最为典型的事例予以评说，三皇五帝、君王霸主、名相贤臣、诗仙诗圣、艺人奴婢，乃至《四书》、《六经》、诸子百家，各自以不同的角色或不同的方式，展现在观众面前。生、净、丑、末是戏曲中的角色行当。生，男主角；净，花脸；丑，丑角；末，男配角。尧、舜、汤、武都是上古圣王。汤，指商汤；武，指周武王。五霸指春秋先后称霸的五个诸侯：齐桓公、晋文公、楚庄王、秦穆公、宋襄公。七雄，指战国末年的秦、齐、楚、燕、赵、韩、魏。伊尹，商汤时宰相，曾辅佐汤灭夏桀。太公，姜子牙，曾辅佐武王灭纣。耍手，指玩弄戏法的能手。四书，指《大学》《中庸》《论语》《孟子》。六经，指《诗经》《尚书》《礼记》《易经》《乐经》和《春秋》。白，戏曲中的说白、念白。科诨，插科打诨，戏剧中说笑耍怪逗乐称为科诨。乱弹，戏曲中的说唱形式。闹莲花，又叫“莲花落”“莲花闹”，是说唱中的一种形式。此联气魄宏大，语言精练，对历史人物、传统文艺等有自己的深刻理解，并能体现出一种诙谐幽默的情趣，立意高远，意味悠长，令人读后不胜感慨。

4. 关帝庙

关帝庙是供奉关羽的地方。关羽是三国时期蜀国名将，为蜀汉政权立下汗马功劳。后来关公成为忠义、正气的象征，形成了古代社会源远流长的“关公崇拜”，全国各地都有很多关帝庙。北京作为明清国都，关帝庙自然更多。明代沈榜《宛署杂记》中记载当时北京著名的关帝庙有五十一处，清末朱一新《京师坊巷志稿》中记载了将近四十处，曹而泗《北京胡同丛谈》中则说：“明清两朝仅关帝庙就有百处以上”，可见关帝庙是北京地区普遍且常见的庙祠，老百姓往往称为“老爷庙儿”。北京内城九门中八个城门的瓮城内都建有关帝庙，应是体现神勇关帝保护皇都之意，其中最著名的当属正阳门关帝庙。正阳门是明清以来北京城南面的正门，俗称前门。杨静亭《都门杂咏》中说：“关帝庙在前门瓮城内，求签者甚众。”其词曰：“来往人皆动拜瞻，香逢朔望倍多添。京中几多关夫子，难道前门许问签。”此处庙宇虽然不大，但是供奉的关羽神像据说是明朝时皇宫旧物，前门又地处要冲，皇帝每次去天坛或先农坛祭祀，回来时常到此处拈香祭拜，因此香火极盛。该庙在解放初期尚存，直到五十年代末期，市区进行大规模建设，才被拆除。

清代著名学者赵翼有一副题正阳门关帝庙的对联：“乃圣乃神，乃武乃文，扶四百载承尧之运；自西自东，自南自北，如七十子服孔之心。”赵冀是清乾隆年间进士探花，著名的诗人、学者，有《廿二史札记》《瓯北诗话》《陔余丛考》等著作，学问渊博。这是一副半集句联，赞美关公能文能武、无比神圣，扶助继承尧运的蜀汉政权，受到东西南北普天之下芸芸众生的拜服尊崇，就像孔子的七十二位弟子钦服孔子一样。说到历代对关羽的敬奉与崇拜，除了关帝庙遍布全国各地以外，关羽还被许多行业奉为行业崇拜神，除军人、武师以外，其他如描金业、皮箱业、皮革业、烟业、香烛业、绸缎商、成衣业、酱园业、豆腐业、屠宰业、肉铺业、糕点业、干果业、理发业、银钱业、典当业、教育业、命相家等，也都崇拜关公，可谓五花八门。上联中“乃圣乃神，乃武乃文”出自《尚书》，下联中“如七十子服孔之心”出自《孟子》，都是儒家经书中的典故，但是用得非常自然，如同己出，显示出作者深厚的学养与高超的文字功力。

5. 长城

长城是北京地区最为著名的胜迹之一，居庸关等处长城，逶迤曲折，关隘雄伟。历代文人题写长城的楹联，往往以气势取胜，读之令人顿生豪气。比如佚名题长城居庸关对联：“万壑烟岚春雨后，千峰苍翠夕阳中。”

此联通过写景来渲染、凸显居庸关一带的雄奇壮美。上联写春雨过后，远望群山，万壑纵横，山中云雾缭绕，如入仙境；下联写千峰耸立，远山披绿，在落日余晖中，更现郁郁苍苍。对联呈现出一幅居庸关雨后氤氲、夕阳映照的绚烂画卷，笔力雄阔，气势不凡。

参考文献

1. 李洪波，韩荔华. 旅游文学作品欣赏（第 2 版）. 北京：旅游教育出版社，2015.

2. 李洪波. 诗词楹联赏析. 北京：旅游教育出版社，2005.

3. 顾平旦，曾保泉. 对联欣赏. 北京：文化艺术出版社，1982.

4. 萧望卿，等. 古今名胜对联选注. 北京：北京出版社，1983.

5. 王存信，王仁清. 中国名胜古迹对联选注. 长春：吉林人民出版社，1984.

6. 顾平旦，常江，曾保泉. 北京名胜楹联. 北京：中国民间文艺出版社，1985.

7. 苏渊雷. 分类名联鉴赏辞典. 上海：上海辞书出版社，2004.

8. 梁申威. 明代对联选. 太原：山西人民出版社，2002.

9. 梁申威. 清代对联选. 太原：山西人民出版社，2002.

10. 汪少林. 中国楹联鉴赏辞典. 南昌：百花洲文艺出版社，1999.

后　记

北京作为五朝古都，尤其是元、明、清以来中国的政治、经济、文化中心，积累了丰富而悠久的文化传统。今天的北京，承续着传统文化的深厚底蕴，发展更为欣欣向荣。这样一个古老而崭新的城市，名胜文化只是它的一个侧面，但因其丰富性与多样性，尤其引人注目、令人向往。

编者并非研究北京历史文化的专家，但多年以来学习、工作、生活于斯，对于北京浓郁的人文氛围与悠久的历史名胜一直怀有浓厚的兴趣与深切的认同，在本职工作之外，也陆续整理过一些关于北京碑刻、楹联、古建筑等方面的资料。这次以北京名胜文化为名，重新汇总梳理，也希望能够给关注北京名胜、喜欢北京传统文化的读者提供一个简明浅易的文本。由于工作繁忙，特别邀请赵艺撰写了北京名胜与园林文化这一章，以帮助大家了解北京的园林艺术。因知识水平与见闻所限，书中难免有不准确和疏漏之处，还请方家指正。

我们在编写的过程中，参考了前人及时贤的大量研究成果，为行文方便未在文中一一注明，但于每一章后的参考文献中尽量罗列。另外，我们还参考、引用了各名胜景点官方网站和北京记忆、老北京网、北京文博等多个北京历史文化网站与百度百科网站的部分资料及图片，限于篇幅，未能详细列出，特此予以说明并致谢。

编　者

2017 年 8 月

图书在版编目（CIP）数据

北京名胜文化/李洪波，赵艺编著. —北京：中国人民大学出版社，2017.10
（北京文化漫谈）
ISBN 978-7-300-23570-7

Ⅰ.①北… Ⅱ.①李…②赵… Ⅲ.①名胜古迹-介绍-北京 Ⅳ.①K928.701

中国版本图书馆 CIP 数据核字（2016）第 269675 号

北京文化漫谈
北京名胜文化
李洪波　赵　艺　编著
Beijing Mingsheng Wenhua

出版发行	中国人民大学出版社		
社　　址	北京中关村大街 31 号	**邮政编码**	100080
电　　话	010－62511242（总编室）		010－62511770（质管部）
	010－82501766（邮购部）		010－62514148（门市部）
	010－62515195（发行公司）		010－62515275（盗版举报）
网　　址	http://www.crup.com.cn		
	http://www.ttrnet.com(人大教研网)		
经　　销	新华书店		
印　　刷	涿州市星河印刷有限公司		
规　　格	170 mm×240 mm　16 开本	**版　　次**	2017 年 10 月第 1 版
印　　张	10.5	**印　　次**	2023 年 4 月第 2 次印刷
字　　数	190 000	**定　　价**	60.00 元